Learning Strategies, Teacher Efficiencies, and a Vision for an Artificial Intelligence Future

人工智能如何影响教学

从作业设计、个性化学习到创新评价方法

[美] 马特 · 米勒 Matt Miller 著

AI FOR EDUCATORS

中国青年出版社

图书在版编目(CIP)数据

人工智能如何影响教学：从作业设计、个性化学习到创新评价方法/（美）马特·米勒著；侯雯洁译. —北京：中国青年出版社，2023.10
书名原文：AI for Educators: Learning Strategies, Teacher Efficiencies, and a Vision for an Artificial Intelligence Future
ISBN 978-7-5153-7012-5

Ⅰ. ①人… Ⅱ. ①马… ②侯… Ⅲ. ①人工智能－应用－教学研究 Ⅳ. ①G434

中国国家版本馆CIP数据核字（2023）第139711号

人工智能如何影响教学：从作业设计、个性化学习到创新评价方法

作　　者：［美］马特·米勒
译　　者：侯雯洁
责任编辑：肖妩嫔
文字编辑：张祎琳
美术编辑：杜雨萃
出　　版：中国青年出版社
发　　行：北京中青文文化传媒有限公司
电　　话：010-65511272 / 65516873
公司网址：www.cyb.com.cn
购书网址：zqwts.tmall.com
印　　刷：大厂回族自治县益利印刷有限公司
版　　次：2023年10月第1版
印　　次：2026年1月第9次印刷
开　　本：787mm × 1092mm　1/16
字　　数：65千字
印　　张：8.5
京权图字：01-2023-2257
书　　号：ISBN 978-7-5153-7012-5
定　　价：49.00元

向富有远见的教师们致敬：

是你们，

戴好“明日之镜”，竭尽所能，

帮助学生为未来而非现在做好准备。

感谢你们！

谢谢你们的辛勤付出和开明思想。

目录

特此说明

本书提供的所有网络地址与资源在本书出版时均是可访问并有效的。如果出现网址与资源变更或网站暂停访问的问题，本书作者与出版社为由此给读者带来的不便深感歉意，但不为上述出现的任何变化负有责任。

第1章

1

人工智能革命何以改变教学

当你听到“人工智能”（AI）[①]这个术语时，首先映入你脑海的想法是什么？

你可能会立刻联想到反乌托邦小说中描绘的场景：机器人接管世界，统治人类。

如果你到了一定的年纪，你可能会想到动画片《杰森一家》（*The Jetsons*）[②]中的机器人罗西[③]，科幻电影《2001太空漫游》（*2001: A Space Odyssey*）中的人工智能电脑HAL 9000[④]。你可能会联想到工厂里常见的机械臂。或者你会想到在美国科幻电影《回到未来2》（*Back to the Future Part II*）中，复古餐厅里出现的人工智能服务员。

有很长一段时间，我们认为人工智能是未来的事物。尽管它早已缓步出现在我们的日常生活里，但我们很难一直注意到它。

至少，我没有注意到。

直到2022年，它“炸场”般出现，这才引起了我的注意。

---

① 英文Artificial Intelligence的缩写，代指人工智能。——译者注

② 一部家庭喜剧动画片，该片的特色之处在于用另一个时空背景反映美国当时（20世纪60年代）的文化与生活方式。——译者注

③ 是动画片中的保姆机器人，包揽家务以及照顾孩子的生活起居，会严格执行主人的命令。——译者注

④ 该电影中的一台超级计算机的角色名。在该影片中，HAL 9000代表着人类科技文明的结晶，拥有从不犯错的完美记录，但是后来它逐渐摆脱人类的控制，甚至杀死一名宇航员。——译者注

“这东西能写出有趣的故事！”

那天是2022年12月9日星期五，我要送孩子们到教堂参加青年小组活动。停车场太过阴冷，我们拔腿就跑，穿过双层门，冲进一家餐厅，食客们正谈笑风生。

突然，我们遇到几个热情洋溢的中学生。

“嘿，朋友们，你们见过这个东西吗？它叫ChatGPT[①]，它能写出超级多的搞笑故事！”

我们盯着他们的一台智能手机看，屏幕上显示出一段文字：一只恐龙和哈里·斯泰尔斯（Harry Styles）[②]在阻止末日丧尸的到来，他们拯救了世界。

“哈哈，这太搞笑了！”我回应道。

很快我就成为人工智能研究实验室OpenAI的ChatGPT用户，这是一款让人类以对话方式与人工智能互动的软件。

当时我觉得自己是早期用户，可是我又错了。

根据2022年Brockman的调查，发布5天，ChatGPT的用户便超过100万人。尽管我在ChatGPT公开发布的一周后就知道它了，但是抢在我之前注册的用户竟然有100多万人。

① 全名是Chat Generative Pre-trained Transformer，生成式预训练转化器。ChatGPT是美国人工智能研究实验室OpenAI推出的一种人工智能技术驱动的自然语言处理工具，拥有语言理解和文本生成能力，尤其是它会通过连接大量的语料库来训练模型。——译者注

② 一位“90后”英国男歌手、演员。——译者注

要知道，社交应用Instagram花了大约两个月的时间才拥有100万用户，Spotify音乐历时5个月才达到相同的水平。

在那之后，ChatGPT在两个月内就达到了每月1亿的活跃用户。5天内就有100万用户。两个月就有1亿用户。

ChatGPT究竟为何能在如此短的时间内实现快速腾飞？

科幻小说变成现实

ChatGPT是美国人工智能研究实验室OpenAI创造的一款人工智能助手软件。用户向ChatGPT抛出问题或者给它一些提示类语言，它给出答案。它的回复是从庞大的数据库中调取出来的，它使用自然语言处理，所以它可以通过理解人类的语言进行响应和交互。

ChatGPT代表了人工智能友好的一面，我们许多人都是通过科幻小说和电影了解到这一点的。ChatGPT的问世是公众第一次与人工智能进行真正的、官方的面对面互动。当然，人工智能很早就已经成为我们生活的一部分了，生活里处处都能发现人工智能的留痕。比如亚马逊为我们推荐个性化的产品，我们通过人脸识别自动解锁手机，像抖音这类社交媒体应用通过算法精准控制着出现在我们每个人手机屏幕上的帖子。

但是，这次是和人工智能对话。就感觉，它非常像人类，非常非常像。

很快，我们都开始意识到它的能力，在社交媒体上，你能发现人们用它：

○ 写关于芦笋和其他蔬菜的说唱歌词。

- ○ 收集每周食谱，列出一张杂货店的购物清单。
- ○ 用各种各样的编程语言编写代码——这些代码都有效！
- ○ 用几个世纪前的诗人的风格写诗。
- ○ 用孩子能理解的语言，为其解释存在主义。
- ○ 为一个29岁的朋友头脑风暴派对主题。

对我们这些教育工作者来说，我们大脑中的齿轮开始飞速转动。

“等等，”阵阵担忧涌上心头，“如果它能做到这一切，又有什么能阻止它帮我们的学生写论文、完成作业呢？”

“这又会给教育带来什么改变呢？”

学生，遇见人工智能世界

简而言之，人工智能将会给教育界带来巨变。

我们千万不要目光短浅。人工智能将在某些方面改变世界。

2022年，人工智能专家李开复写道：“人工智能（AI）可能是人类历史上最具变革意义的技术，而我们甚至可能看不到这种全面变革的到来。这是因为我们经常高估技术在 5 年内能做什么，而低估了它们在20年后能做什么。”

如果人工智能将在不久的将来改变世界，我们需要让学生为这个世界做好准备。这意味着我们也需要做出改变。

这里有一个我们需要做出的重大改变：

我们很多人对ChatGPT发布的第一反应是："有人工智能检测器吗？我该如何知道这篇文章是我的学生写的，还是人工智能写的？我们能阻止它吗？"

这就是典型的透过"今日之镜"看问题。

"今日之镜"就是依据当今的现实来评判人工智能（以及其他各种创新与技术）。依据当今的规范和期望，依据当今我们认为什么是重要的，什么是道德的，什么是相关的。

为了我们的学生，为了让他们为未来做好准备，我们不能戴着"今日之镜"看世界。

为了我们的学生，为了让他们为未来做好准备，我们不能戴着"今日之镜"看世界。

我们必须戴上"明日之镜"。

请为一个10岁的学生想一想。8年后，她将高中毕业。再过4年，她就大学毕业了。她将在12年后进入职场。到那时，人工智能又进化了12年，比现在的更加先进、成熟。

别忘了前文李开复提醒我们的话：我们经常高估技术在5年内能做什么，却低估了它们在20年后能做什么。

这对那个10岁的学生意味着什么？身为教师，我们如何让学生为未来的世界做好准备？

在当今的课堂上，它是怎么表现的呢？面对这样的未来，教师要如何设计日常课程才能为学生提供支持呢？

教师，遇见人工智能世界

作为教育工作者，我们本能地想要给学生最好的东西。我们自然而然地倾向于思考如何支持学生，他们需要什么。

但是，在此之前，我们先为自己考虑一下。

人工智能会对我们造成什么影响？它会让教师这个职业被淘汰吗？

没门儿。我是说，谁会帮幼儿园的孩子系鞋带，帮他们拧开盒装牛奶的盖子呢？谁会在目睹中学生翻阅到欣喜之处两眼发光的时候，给他们推荐一本类似的读物呢？谁又会在听到高中生谈论他们的未来的时候送上一个肯定的微笑，并告诉他们为什么他们在课堂上的所见所闻能帮助他们接近成功？

确实，技术和人工智能可以为学习中的某些特定事情提供支持。但是，教师的内核是头脑、心灵和人性。

我相信我们永远都需要这些。

我还相信人工智能将为教育工作者提供最宝贵、最有价值、最抢手的教学资源。从某种程度上来说，教师巴不得这种资源能取之不尽用之不竭。这种教学资源越多，就越能帮助他们实现在教室里做出一番事业的美梦。人工智能将把时间还给教师。人工智能还会改变教师布置作业的类型，以及他们提供作业反馈的方式。

这还只是皮毛。

人工智能不会改变一切。但它将带来巨变。

人工智能不会改变一切。但它将带来巨变。

课堂上的人工智能

这本书旨在帮助教育工作者了解人工智能及其对教学甚至是教育的影响。

你将看到人工智能的存在将如何在短期内影响课堂，以及它将如何改变我们在课堂上的长期做法。你会了解到我对一些热门话题的见解，如作弊和抄袭、伦理影响，以及让学生为人工智能的未来做好准备。在每章的末尾，我将讲述一个关键定义，以便你可以快速掌握人工智能的基础知识。

这本书也捕捉到ChatGPT的“走红”瞬间。这本书于2023年春天出版。当时，全世界还在热议OpenAI开发的ChatGPT。人们都好奇它将会与微软工具有怎样的结合。人们持续关注谷歌聊天机器人巴德（Bard）的动态。

本书提到的例子、产品和技术可能很快就会过时。毕竟，在本书问世之前，聊天机器人还在持续保持更新！值得庆幸的是，本书强调的重点并不是最新的人工智能产品细节。

本书切实有效，重在阐述人工智能在课堂实施的方法，帮助教师理解人工智能的一般概念，以及如何将它们应用到课堂上的日常学习中。本书还为教师明确自己能够帮助学生茁壮成长的方向，以便他们能够顺利迎接未来的世界，为进入劳动力市场做足准备。

顺便说一下，这本书是人类写的。这是我写的。我会参考各种资源，包括使用互联网，甚至是借用一些人工智能工具。在每一章的结尾，我都会明确地说明我作为一个人类创造了多少东西，我用人工智能创造了多少东西。我希望自己这种开诚布公的透明度，能够为如何使用这项技术树立榜样，我也希望人工智能可以展示出人类的智慧与创造力，我希望在人工智能的辅助下，我可以创造出有用而独特的东西。

在大学里，我修的专业课是新闻学、西班牙语和政治学。我没学过计算机科学。但对于我们在教育领域的工作，我们并不需要复杂的人工智能工作原理的知识。我们可能会用到基础知识，但最重要的是，我们需要知道如何有效地和负责任地应用它。谢天谢地，这正是我的拿手好戏。如果你熟悉我在“丢掉教科书”（DitchThatTextbook.com）上创建的所有免费教师资源，读这本书，你会觉得轻松自在。

人工智能在我们世界的应用正在迅速更迭。ChatGPT将是我们的学生所遇到的最基本的生成式AI聊天机器人，它只是一个开端。它就像是人工智能聊天机器人中的MySpace[①]。当我们在以后回顾它的时候，我们会暗自发笑，因为我们曾经认为它是多么的强大。

让我们一起来思考这个问题：如何利用这项技术繁荣发展？

这样我们就可以既帮助我们的学生，又帮助我们自己！

① MySpace是社交媒体发展的一个里程碑，是社交媒体逐步打开市场的开端，此后各类大型社交媒体网站应时而生，比如推特、脸书、油管视频等。作者提及该软件，是为了论证人工智能更迭速度之快。——译者注

关键定义

人工智能（AI）

计算机或机器完成通常需要人类智力才能完成的事情的能力。人工智能（AI）涉及训练计算机像人一样“思考”。当人类思考时，他们通常遵循特定的模式，并从记忆中提取东西。例如：

○ 我们未来的决策是由过去的决策决定的。

○ 我们权衡所有可能的选择，然后从中选择最有可能成功的方案。

○ 我们根据自己的优先级进行排名和排序。

○ 我们选择最符合我们预期结果的词语和短语。

机器可以通过训练来做到这一点。我们可以将人工智能应用于各种领域，来做过去只有人类才能做的事情。例如：

○ 人工智能操控的机器人可以完成过去需要人手、人眼和人脑才能完成的任务。

○ 通过训练，人工智能可以使用我们觉得自然的语言与我们进行交流。

○ 人工智能可以识别出图像和视频中的东西，以前只有人类才能做到。

机器人检查： 本章内容的90%由人类（我本人）创作，10%依托人工智能技术创作。

使用AI： 识别AI在我们日常生活中的存在，创建AI的定义。

第2章

构想人工智能集成教室

通过人工智能的发展理解对教育的真正影响

多年来，未来学家和教育界的思想领袖一直在谈论人工智能对教育的影响。

可以说，直到ChatGPT的发布，藏在神灯里的精灵才被释放出来。

当人们开始使用ChatGPT，逐步了解它的功能时，接连不断的问题也来了：

○ 学生问："慢着，它能帮我写英语作文、做数学作业吗？"

○ 教师问："当学生可以让聊天机器人为他们做任何事情时，我该如何管理课堂？"

○ 信息技术人员问："我们能阻止它吗？如果我们这样做了，真的会改变什么吗？"

人工智能越是融入我们的日常生活，它对课堂的影响就越大。生成式人工智能的普及将对教室、学校和学区产生什么影响？

我会在下文描述人工智能将产生的各种影响。

学生可以使用生成式人工智能工具（比如ChatGPT）做作业

瞧吧，我们都在想这件事。我就清楚明了地说出来吧：学生可以用人工智能工具来做作业。他们可以这样做，也会这样做的。各种类型的作业都会包含其中，比如论文、研究报告、演讲稿、书面总结等。学生会把提示语输入到与AI聊天机器人的对话框中，提示语可能是你布置作业留下的信息，也可能是其他的自动生成其所需结果的内容。他们可以将作业复制粘贴到一个文档里或你们使用的学习管理系统（LMS）中，然后提交。他们可以做到。

Turnitin[①]等查重工具无法可靠地捕捉到人工智能的参与

在前ChatGPT时代，这些查重软件会将学生新上传的作业与之前学生提交的作业、其他学术内容和互联网搜索结果进行对照。

如果它们发现上传文本匹配到非常相似的内容，就会将相似度较高的部分标记成抄袭。

如果学生采用使用AI工具撰写的方式，查重工具可能无法检测出那些由ChatGPT等生成式人工智能工具创作的内容。因为这些人工智能工具每次都在做原创工作，它们没有复制人类创造的成果，它们是自动创作内容。Turnitin可以尝试依据其数据库检查人工智能的作品，但因为人工智能创作的内容并不是从其他来源复制的，所以这些文字不太可能被查重软件标记成抄袭或剽窃。

随着本书的出版，毫无疑问，抄袭检测工具正争先恐后地将某种形式的人工智能检测插件嵌入它们的系统里。我们将在第5章详细讨论人工智能集成世界的作弊、抄袭的概念。

① 一款广泛应用于学术界的在线文本查重检测系统，可以帮助学生和教师检测论文和其他文本的相似性，并提供反抄袭功能。——译者注

身为教师，生而为人，我们必须要解决问题

自从人工智能诞生以来，我们就已经看到了警告信号。考虑到人工智能给全球和教育带来的所有可能性，我们必须谨慎行事。

偏见在无意中被植入到人工智能模型和数据集[①]中。这些数据集存在漏洞和空白。人工智能工具会犯错，这些错误可能会导致学生对世界的看法产生误解，而这种误解可能无法纠正。

人工智能的存在也带来了大量的伦理问题。哪些工作将被外包给人工智能，哪些工作会变得举重若轻？人工智能对某些社区和职业，包括创意领域，会造成什么损害？基于获取机会、成本和其他因素，它是否会进一步加剧基于收入、地域、种族和性别的不平等？

你会在这本书的字里行间感受到我依旧乐观。但我们不能在忽略其威胁和挑战的情况下，毫无准备地闯进这个新领域。我们将在后面的章节中讨论这些问题。

人工智能工具将促使我们重新思考传统的作业

布置文章[②]。自从这些语言生成人工智能工具出现以来，学生撰写的文章就成为人们关注的焦点。似乎每个人都在热议人工智能对作业文章造成

① 一种由数据所组成的集合。——译者注

② 文章原文是essay，话题作文和小论文的统称，篇幅总体上较短，几百到几千字都有，是欧美国家常见的作业类型。——译者注

的影响。

2022年，史蒂芬·马奇（Stephen Marche）和丹尼尔·赫尔曼（Daniel Herman）刊登在《大西洋月刊》的文章分别向世人宣告："大学论文已死。""高中英语终结。"

同样，这两种观点是透过"今日之镜"看世界的。它们基于我们当下的判断标准，基于我们当下看待世界的方式。谁又能苛责教师：为什么你们还不摘下"今日之镜"呢？毕竟，他们不光是今天给学生上课的人，他们还承载着明天、后天、下周，还有数不尽的教学岁月。人工智能就在这里，而教师们还在教室里研究如何推进教与学。

这些生成式人工智能工具迫使我们问自己更基本的问题。让我们以文章写作举例说明，教育工作者要如何重新评估我们课堂上所做的事情。

1. 为什么教师要用文章作为评估学生学习的工具？教师可以通过文章了解学生的想法，了解他们的学习进程，帮助他们探索思路，鼓励他们回忆新材料，并加强他们的长期记忆。

2. 使用文章作为学习的评估工具总有局限性吗？是的。首先，要写一篇成功的文章，你必须精通写作技巧，对内容有所把握。在写作方面表现欠缺的学生，会在这种评估下处于不利地位。如果说文章帮助教师衡量学生对学习内容的理解，那么挡在师生中间形成阻碍的就是写作本身。其次，可及性。那些用纸笔写文章速度慢，或者用键盘打字有困难的学生，必须要克服其他同学没有的障碍。如果评估目的是让教师了解学生对一个概念的理解程度，那么在学生开始展示其理解之前，写文章预设了许多先决条件。

3. 我们能找到其他更好的方法来评估学生吗？当然。一些替代性评估方法包括口头作答、有创意的学习展示、协作学习、课堂讨论等。我们将在后面的章节中更深入地讨论。

4. 这些替代性评估方法也鼓励学生独立思考吗？是的。当学生们被要求完成这些更深层次的、更有协作性和创造性的任务时，他们很难不费心思地直接借助人工智能工具复制粘贴答案。此外，这种评估方式要求学生完成的任务，更贴近于学生今后从事的工作。（对学生今后从事的工作更加具有现实性。）

我们需要知道我们“为什么”要找到我们的路。

为了找到未来的答案，我们需要究其根本，探究教师要求学生完成学业任务的根本原因。

我们需要知道我们“为什么”要找到我们的路。

所有事情在变简单前都是困难的

有一个模型可以预测我们学习人工智能，并将其整合到我们的学习过程中的感受。

该模型叫作技术成熟度曲线（Hype Cycle），由高德纳公司（Gartner）[①]发布。

根据科技研究公司高德纳在2022年的说法，技术成熟度模型是“对每

① 又译顾能公司，是美国一家信息技术研究分析公司，在界定及分析那些决定了商业进程的发展趋势与技术方面颇具经验。——译者注

项新技术或其他创新的常见发展模式的图形描述”，它展示了新技术如何成熟、如何被采用，以及如何应用。该模型（见图2.1）不是为教育而设计的，但它可以帮助我们看到人工智能如何融入学校。

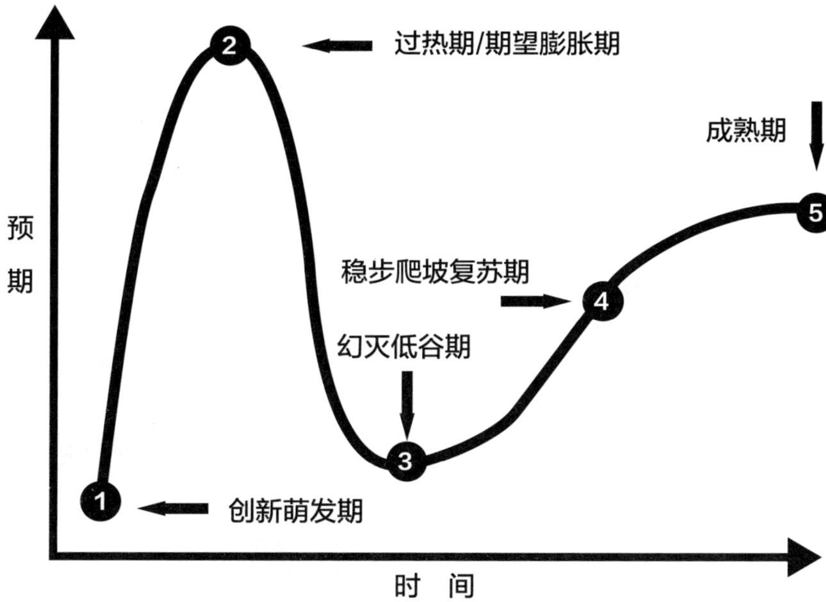

图2.1　高德纳技术成熟度曲线

○ **创新萌发期：**在很短的时间内，就会有很多的话题。尽管大众还不知道某创新清晰的、持久的用途，但他们的兴趣在该阶段激增。

○ **过热期/期望膨胀期：**某创新早期的成功会让人们的期望飙升。它像病毒一样传播开来，并得到了每个人的关注，尽管它的实行尚未广泛。

○ **幻灭低谷期：**预期泡沫破裂了。该阶段出现的挫折和失败导致许多人选择退出。发展很缓慢，但是一些早期采用者还在坚持。

○ **稳步爬坡复苏期：**在此阶段，人们更能充分地理解某创新的好处。该创新的用途更加实用，随着技术日益成熟，购买也在增加。

○ **成熟期：**某创新正在成为主流，但仍然没有达到期望膨胀期的期望值，但是现在使用这项创新真的收益良好。

如果这就是投资者对新技术采用的看法，那么这又如何适用于我们呢？我们又该如何看待与之相似的人工智能在学校中的应用呢？

这是我想分享给教育工作者的，我个人对技术成熟度曲线的解读：

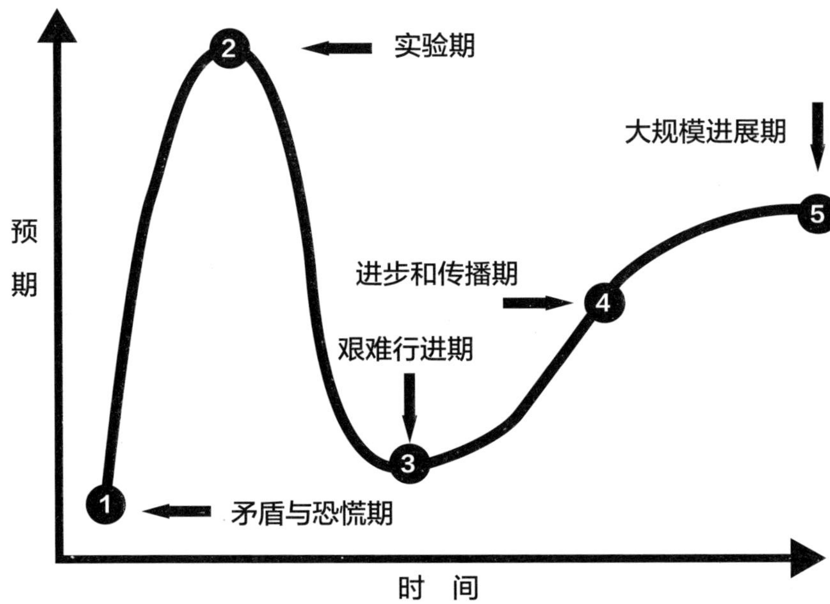

图2.2　教育工作者与技术成熟度曲线

○ **矛盾与恐慌期：**“这个新的AI技术是什么？我不喜欢它，感觉用它就像是作弊。”

○ **实验期：**“哇，这些人工智能工具真的可以做一些很酷的事情。这是一个还不错的小花招，但可能只是流行一时。我还没准备好使用它。”

○ **艰难行进期：**“这些人工智能工具缺陷也太多了吧。我有顾虑。它们不是为我的教学而定制的，而且它们很难实现。这么多工作量。我要放弃了。”

○ **进步和传播期：**“我在网上看到一些老师利用人工智能工具来节省时间，在课堂上带着学生做非常有趣的学习任务。现在，其他人正在分享对他们有效的方法，我可以看到这一点。我愿意在有限的范围内使用它。”

○ **大规模进展期：**“其中，一些人工智能工具已嵌入到我的学习管理系统和我最喜欢的应用程序中。我知道它如何起效，如何节省我的时间，如何改善发生在我课堂里的学习。我明白了。这说明人工智能用在教育里是可行的。”

我们该如何进入到“大规模进展期”呢？我认为，关键在于是什么使教师群体变得卓越：我们慷慨地共同分享在课堂上有效的方法。我们会告诉隔壁教室的同事、社交媒体上的朋友，以及任何参加教师会议和在线听课的人。然后，当我们从别人那里学到有用的东西时，我们会与其他人分享这个想法，直到它呈指数级增长。

让我们充满耐心，放慢脚步，愿意从不足中学习，打持久战，慷慨分享。

我们终将是一条船上的人，在整个教育社区相互支持的情况下，我们会找到能出色地将人工智能运用到教育领域的方法。

在学校和课堂上使用人工智能并不全是坏事

如果上面列出的第一件事让你感到有点绝望，那么从这里开始，拨云见日。早期的新闻报道几乎只关注这些人工智能工具和学校之间的作弊联系。但是你要明白，这些人工智能工具并非为了帮助学生作弊而创造出来的。它们是用来回答问题、收集信息和帮助我们完成任务的。

学生和教师手中的人工智能工具将节省我们的时间，在很多方面帮助我们专注于最重要的事情。

学生和教师手中的人工智能工具将节省我们的时间，在很多方面帮助我们专注于最重要的事情。

○ 人工智能将帮助教师为不同的学生创建差异化的学习材料，在适合每位学生这一方面，给他们提供个性化帮助。

○ 在引起老师注意之前，人工智能会率先为学生提供一系列的反馈。

○ 人工智能将提供个性化学习和适时学习，这是很多教师在课堂上无法做到的。

人工智能将帮助我们把教师的本质拓宽到更大、更宽泛的水平。与其在琐碎的任务上花费大量时间，我们将能够把更多的时间用于完成更重要的事情。

我们以前遇到过这种情况，我们已经表现得更好了

教育中唯一不变的似乎就是变化。有时创新来了又走。有时它们会留下来。最后，我们教师将那些有效的和支持良好教学的内容保留下来。

在下文，我将列举5个例子，它们不是发生在不久之前，就是发生在最近：

计算器

○ **担忧：**教师们担心用计算器会让学生的数学变差，因为他们不能手算。（一位教师说了这样一句不太老套的话："学生需要知道怎么做笔算，因为他们不可能总是随身携带计算器。"）

○ **发生了什么：**计算器将我们从日常计算中解放出来，这样学生就可以掌握更复杂的概念，帮助他们更快地进入高等数学。

搜索引擎

○ **担忧：**当学生们接触带有搜索引擎的电脑时，教师们担心搜索引擎能够查询到所有答案的功能，会对学习本身造成灾难性的影响。

○ **发生了什么：**现在，我们已经开始更多地关注基本事实的应用，而不仅仅是从记忆中回忆它们。

百科类网站

○ **担忧：**因为任何人都可以参与编辑，教师们担心此类网站提供的信

息不准确，可能会被别有用心者操纵。

○ **发生了什么：**现在，此类平台（比如维基百科）会设立一个专门基地，里面有很多志愿者用户编辑密切关注平台的变化，因此它相对保持准确。它非常灵活，精确的更新通常在几分钟内就能完成。

拍照解题软件（Photomath）[①]

○ **担忧：**该类软件允许用户输入一个复杂的数学问题，并在几秒钟内就能给出详细的解题思路。教师们担心这会使数学作业的布置失去意义。

○ **发生了什么：**该类软件将重点转移到为用户展示对解题步骤的理解上。这就像美国教科书只在后面给出奇数序号问题的答案一样。对照正确答案可以帮助学生知道他们做得对还是错。

AI国际象棋

○ **担忧：**由于人工智能国际象棋机器人非常擅长国际象棋，一些国际象棋社区的人担心国际象棋被毁了。他们说，这将破坏人类的体验。

○ **发生了什么：**相反，国际象棋类AI工具从整体上提高了人类棋手的玩法水平。一些以前没有被广泛接受的新策略也被开发出来了。

人工智能对学校和教育会有什么影响？就像以前的创新一样，它将帮助教师更好地进行教学实践，帮助学生做好能做的事情，就像潮水一样汹

① 一款手机拍照学习数学的软件，用户遇到数学难题时可以打开软件的拍照功能扫描该题目，软件会给出解析。——译者注

涌澎湃。我们将了解到它能做什么，以及它如何改善我们的生活。人工智能对教育来说也是水涨船高，就像那句老话所说的，上涨的潮水会浮起所有的船只。

关键定义

生成式人工智能

生成式人工智能（AI）是人工智能的一个类别，它将生成或创建新的原始数据。它可以制作图像、视频、音乐、文本等，所有这些都不需要人类的辅助。生成式AI模型用以理解它们在数据集中分析的大量数据中识别出的模式和关系。就像“生成”这个词一样，它每次满足一个请求都会生成新的作品。对于某些问题，它没有预先写好的、复制粘贴式的回答。它解释请求，分析数据，并每次创建一个新的回复。

机器人检查：本章内容的85%由人类（我本人）创作，15%依托人工智能技术创作。

使用AI：写出生成式人工智能的定义，提出人工智能可能改变教育的一般方法，让我得以详细说明。

第3章

转向适应人工智能的世界

快速调整以适应人工智能环境

关于人工智能将如何改变世界的讨论将持续很多年。

教育工作者将讨论在运用人工智能工具的课堂上学习将会是什么样子。他们将谈论未来，讨论人工智能将扮演什么角色，并讨论如何训练学生，让他们为未来做好准备。

但对于许多教师来说，尤其是现在还在课堂上教书的教师们，心中有一个更大的担忧：我今天应该做什么？

○ 既然我知道人工智能工具可以做什么，我该如何立即调整我的教学计划呢？

○ 我如何才能确保我周二布置的学习任务能够给我的学生挑战，锻炼他们去思考，培养他们的技能，而不仅仅是从聊天机器人那里复制粘贴？

○ 如果我现在只管教书就好，并没有时间重塑教育，也并不是想获得一个人工智能方向的计算机科学硕士学位，我可以采取什么步骤？

顺便说一下，这是听其自然的思路。

如果你压根儿没时间讨论，就没必要担心像“教育的未来是什么？”这类宏大问题。有很多专家和评论员会代表你讨论这个问题。（我身为本书的作者，偶尔也会涉足这个领域，比如我正在写这本书，对吧？）

但是你有教案要写。你无法消灭这些人工智能工具。你想给你的学生最好的。如果你感到力不从心，这也是无可厚非的。

在下一章中，我将讨论如何将人工智能整合到你的课程中来计划教学和学习。现在先让我们说几个更直接的方法。

暂且把下文提到的内容当作“紧急情况下打碎玻璃”的技巧吧。

在担忧不减的情形下，纸笔是权宜之计

当像ChatGPT这类生成式人工智能工具出现时，许多教育工作者将纸笔视为一种解决方案，特别是用其完成写作活动。理由是：如果学生们用纸笔写作，我就能知道他们是在思考，而不是扮演一个AI聊天机器人。

我想我读懂了你内心的担忧，你认为这类人工智能工具维持了你以前给学生布置过的学习活动，通过这些活动，你和你的学生得到了你想要的结果。但如果你是这样想的，你可能将一些人工智能工具视为对你以前所做的工作的威胁，用纸笔写作这个选项似乎可以消除这种威胁。

如果顺着这样的思路走，那么请你认真思考一下随之而来的问题：

1. 纸笔写作在展示理解能力时制造的障碍比消除的障碍要多。技术为学生提供了许多无障碍工具，比如语音输入、屏幕阅读器、放大和翻译服务，它给予了有各种类型学习障碍的学生支持。取消这些支持可能会加剧这类学生的学习障碍，他们可能已经被边缘化了。

2. 和你“斗智斗勇”的学生仍然可以找到方法来使用你试图避免的工具。他们将在课桌下（或厕所隔间里）用手机访问互联网，使用人工智能工具。或者他们可能向朋友发短信求助。只要教师们不鼓励学生做他们认为“作弊”的事情，学生们就会一直想方设法使用它们。

3. 纸笔写作减缓了反馈循环的速度。数字化工作让学生可以在任何地方完成作业并将其上传。它可以让教师即时访问——即使学生还在学

习——并提供即时反馈。完成书面学习任务，意味着学生必须亲自上交，并等待亲自收到反馈。

4. 延续使用纸笔写作对学生的未来并不现实。这是通过“今日之镜”看到的活动。封锁互联网和这些日益成长的人工智能工具，并不是学生们未来进入劳动力市场后将要做的工作，也不是我们作为成年人现在需要做的工作。

尽管如此，如果你坚持这个选项，走这条路，请……请……请……请不要像这样做长期计划！这种人工智能技术不会消失，它的广泛蔓延将会带来广泛的影响，我们希望学生可以为他们的未来做好准备——通过“明日之镜”，而不是为今天做准备。

利用课堂讨论

当谷歌翻译开始成长时，人们常常问：“我需要学一门语言吗？如果翻译应用程序可以完成这项工作，我能把时间和精力花在其他地方吗？”作为一名世界语言教师，我面临着生存危机，我怀疑自己的工作是否将被淘汰。

然后，我们了解到，如果我们想与另一个人开展一段真正的对话并建立关系，我们不能通过将所有内容输入到翻译软件里的方式来有效地做到这一点，尽管真人秀《90天未婚夫妻》[①]（*90 Day Fiancé*）曾试图努力向我们证明它是有效的。

---

① 又译《到美国结婚去》，是一档跨国婚恋节目，参加该档节目的女性利用特别的90天未婚妻签证与未曾谋面的异国“未婚夫”生活，在交流时涉及各国口音和语言。——译者注

当学生们进行讨论时，他们会根据自己的工作和长期记忆进行讨论。当然，他们可以用搜索引擎快速检索到答案。他们甚至可以向聊天机器人提问。但如果他们想要推进对话，需要进行的大部分工作都来自自己的思考。

交谈是一种永恒的技能。我们仍然需要能够与他人交谈，能进行无准备的即兴互动。我们仍然需要创造和支持观点。我们还是会提出问题。尽管我们有时会向机器寻求答案，但我们也总是想让人类回答这些问题。

在课堂上的讨论之后，学生们可以简明扼要地重述讨论，分享他们对讨论的看法，这是对话机器人很难做到的。

为了应对生成式人工智能工具的增长，教师可以考虑在课堂多开展类似于结对讨论、小组讨论、全班讨论的活动，甚至开展异步论坛式讨论。

当然，讨论很难打分。但我们并非以此来评估学生。我们使用讨论，是为了帮助学生理解意义，即兴运用他们刚接收的新知识和新思想。就像让学生拆开包装，把这些新学会的东西拿出来，像捏陶土一样塑造它们，看看它们能做什么，不能做什么。

学生们可以讨论内容本身——什么有意义，什么没有意义。他们可以比较和对比。他们可以看到它是如何转移到其他内容领域的。他们甚至可以反思自己学到了什么内容，以及自己经历了什么样的学习过程。

这些讨论颇有价值，而且思考是由学生完成的，而不是人工智能聊天机器人。

接纳协作学习

对学生来说，协作学习与课堂讨论有相似的益处。当学生们在一起工作时，他们仍然在讨论他们发现了什么，他们学到了什么，是否合适，如何组织，如何有效地沟通。即使他们从搜索引擎、百科类网站或ChatGPT等人工智能工具中获取了信息，这些重要的对话也还在继续发生。

实际上，你可能会反驳，协作只是学生们进入职场后被期望做的一类工作。他们今天只是在练习。

我捕捉到了此类工作在当今职场中的重要性。我主持过一个虚拟小组讨论，与会者包括维多利亚·汤普森（Victoria Thompson），她曾是一名教师，现在是微软的教育项目部的高管。协作工作在科技公司里的分量变得越来越重要，我们可以将此作为一个标准，展示学生们进入职场时被赋予了什么期望。

我问维多利亚，有多少次有人问她，她的作业是不是自己独立完成的——就像我们多年来要求学生在课堂上独立完成作业一样。以下是她的回答：

> 这是个好问题。现在我想了想，他们从来没有问过我是否完全靠自己做过一件事。坦率地说，我们所做的很多事情，不仅直接关系到我们如何支持他人，也关系到我们如何帮助他人。这不仅让我作为一个有工作的成年人得到了解放，而且真的很鼓舞人心，让我迸发出很多灵感。
>
> 我想我们都经历过这样的情况：我们感觉自己被孤立，我们不被

鼓励去寻找东西、请求帮助，因为这可能被视为软弱的表现……特别是在我的角色中，也在整个微软公司，我知道在我的评估中，一些问题直接与我做了什么来支持别人有关，我利用了什么样的资源，我如何去寻求帮助。

我认为协作学习/工作直接关系到未来的职业准备。

协作学习是未来的职业准备。一起努力实现共同的目标是维多利亚所在的微软公司一直奉行的标准。你的很多学生极有可能在成年后扮演的角色中，甚至是他们成为劳动力进入职场前，需要掌握协作的技能。

协作学习/工作直接关系到未来的职业准备。

让学生有创造性地展示学习

多年来，教师们一直依赖于同样的策略，让学生展示他们所学到的东西，将其写成一个文档，或者将其写在一张纸上，交上来。这种展示学习的方式是有效的，但它也将学习简化为一组事实，也没有将知识置于背景中。

让我们为学生提供有创意的、真实的方式来展示他们所学到的。学习中的创造力可以帮助学生获得动力，可以帮助他们利用自己独特的才能和技能，可以帮助他们感到被看到、被听到和被注意到。

除此之外，当他们运用所学知识做出创意十足的东西时，如果他们不亲自做一些认知工作，就很难复制、粘贴人工智能聊天机器人给出的答案。

创造性的学习展示对于大脑的发展也大有助益。当学生们汇集他们所学到的东西或者他们从其他来源找到的信息，并利用这些知识进行创造时，他们就是在细化知识，对知识进行精细加工。这是一件好事。正如乔尔·莱文（Joel Levin）在1988年所说，“在学习过程中，细化包括增强意义的补充、构建或产生，以提高一个人对所学内容的记忆”。

创造性地展示学习看起来是什么样子的？这一切都取决于你的学生、你的内容和你的目标。

你有没有让学生做过“在文档中输入你记住的内容”的活动？相反，学生可以采用以下方法[①]：

○ **录制一个视频来记录：**他们可以像晚间新闻主播一样报道自己记住的知识。

○ **制作一个可视化的信息图：**用图标和摘取的文本片段来展示自己的知识。

○ **创建一个故事板：**以视频网络网站用户的身份创作一个故事板来展示自己所学到的知识。

○ **讲述一个Instagram故事：**用学生自己的网络摄像头抓拍照片，以Instagram故事的风格展示学习。

○ **录制一段公益宣传片：**学生可以通过自行编导一段公益宣传片，来展示自己学到的知识。

---

① 关于这些方法的详细用法，作者在其另一本著作《技术如何改变教学》中提到过，中文简体版由中国青年出版社2022年11月出版。——编者注

○ **设计一个广告牌：**学生可以在展示自己刚学到的新概念时，设计一款广告牌来捕捉新概念的精髓。

这些只是皮毛而已！事实上，这就是我们多年来坚持在我们自己的网站（“丢掉教科书”：Ditch That Textbook）上分享的教学方法，只不过现在我将它们整合到这本书中。

接受我在本书提到的方法，将其编排进你的教学计划，用它做点什么。当你这样实践的时候，你就会更好地理解你所拥有的武器。

使用检索练习、大脑转储和其他记忆策略

检索练习是通过回忆关于某个特定主题的所有内容来加强人的长期记忆。检索练习似乎太过简单，而且它的效果好到令人难以置信，在认知科学领域被重视了几十年。检索练习是一种学习策略，可以帮助学生巩固他们已经学过的知识，并对所学的内容进行反思。

学生们可以做一个“大脑转储”的动作，在那里（白纸上、语言里、文件中等）他们回忆他们所知道的关于该主题的一切，比如回答下面这种问题：

○ 昨天课上学的内容你还记得什么？

○（关于这个话题）你还记得我们一周前学过什么吗？

○（关于这个话题）你还记得我们上学期学过什么吗？

○（关于这个话题）你还记得我们有哪些内容还没学吗？

○（关于这个人物）你知道些什么？

○ 关于这个非常宽泛的话题，你知道些什么？

○ 关于这个非常小众的分支话题，你知道些什么？

脑科学告诉我们，当这些大脑转储没有升级时，它们能最好地建立长期记忆。它们是一种学习技能，而不是形成性评估。

关于脑科学的实用教学想法，想了解更多，可以检索关键词“检索练习”或“提取练习”（retrieval practice）[①]。

这些记忆策略专注于学生已经学过的内容，它们是从学生的记忆中提取出来的，而不是来自人工智能机器人。

我们是人类，这感觉很好

我们一直在谈论许多人工智能工具可用的巨大数据集。值得庆幸的是，我们也有一个巨大的数据集，我们可以比人工智能更快地访问它。

它就是人脑。

我们这里说的不是高科技，而是低技术。

我们不需要像训练人工智能那样训练我们的大脑，因为我们一生都在这样做。我们也不需要解释大脑给出的结果。

我们的大脑就好比不可思议的超级计算机。它们预先载入了我们一生的经历以及我们对学生的一切了解。我们的大脑会实时即刻解读它们。值得庆幸的是，我们将永远有超级计算机来帮助我们处理所有这些问题。

---

① 详情可查看资源拓展。

另外，还有更多好消息：我们的大脑是无线的，它们的碳排放量是最低的。遗憾的是，我们每天晚上都要给它们充电8个小时，否则它们就会出现故障！

作为人类，我们具备的最大优势之一就是我们的大脑。

大脑会帮助我们为明天的课堂做出调整，会帮助我们搞清楚我们所面临的发展方向，而且，它还能运用我们全部的教学和生活经验，帮助我们不断做出调整，以适应学生不断涌现出的新需求。

作为人类，我们无比适合做教师这份工作。

关键定义

GPT（生成式预训练变换模型）

一种可以用自然、易懂的语言与用户交互的人工智能。很多人工智能助手，包括ChatGPT，都是由GPT驱动的。它是可生成的，因为它每次都会创建一个新的响应。它是预训练的，因为它已经从一个庞大的数据集中学习。它是一个转换器，因为它将结果转换为用户感觉自然的语言。GPT的新版本正在不断地被开发。每一个全新的GPT版本都愈加强大，会以更加自然的方式完成更多的事情，更自然地进行交互。

机器人检查：本章内容的85%由人类（我本人）创作，15%依托人工智能技术创作。

使用AI：写出GPT的定义，提出一些我可以详细阐述的根据人工智能立即转变课堂的想法。

第4章

人工智能支持教与学的30种方式

使用人工智能工具促进有意义的教与学

随着人工智能工具的发展，我们的问题越来越多。使用人工智能工具好吗？它有危害性吗？它的回答来源是什么？

机器人会接管世界吗？如果它们确实来接管了，那么它们会喜欢咖啡还是茶？狗还是猫？可口可乐还是百事可乐？我们需要答案。充满好奇心的人总是想探索。

然而，教育工作者们最为关心的问题似乎是：我们能用人工智能来真正地教和学吗？如果可以，那么我们如何做到？

我的回答是：绝对可以。我们可以用人工智能。

值得庆幸的是，教育界从不乏给出“如何做”的洞见。正如我之前提到的，教师群体很擅长尝试，在这个过程中我们会发现什么可行，什么不可行，并千方百计地和他人共享。我们会和衷共济，共同解决难题，尽管做好这些需要经历时间的打磨。

在下文，我会列举30个人工智能工具可以用到课堂里的方法，其中的一些是作为人类的我头脑风暴出来的，一些是享有声望的其他人类提供的，还有一些是人工智能机器人想出来的。（既然它们如此好用，为什么我们不问问它们呢？）

1. 将人工智能当成比搜索引擎更有深度的资源来运用

在搜索引擎里搜索，得到的内容受限，因为它们只来自搜索引擎索引的网页。很多时候，这些搜出的信息缺乏精细度和深度。我们可以让人工智能机器人助手提供我们所需要的信息，帮助我们推进驱动课堂的对话，这样教师在课前就能预先把教学内容加载好。运用好人工智能机器人助手，我们就能在它与学生的一对一对话中，捕捉到“及时”的信息。在全班讨论中深度使用人工智能工具，会帮助我们模拟出人工智能如何支持我们的学习。机器人的回答不是对话的第一个和最后一个字。相反，它只是提供了我们可以用来讨论的细节。

提示词（prompt）[①]技巧：用后续问题来探究问题的完整答案。

2. 用人工智能获得数不胜数的佳例典范

想想音乐家和艺术家是如何逐渐形成他们的风格的。他们模仿他们的老师。音乐家们模仿那些被他们认可为影响力十足的音乐家。艺术家经常带着空白的画布去画廊或公园，临摹他们看到的东西。时装设计师山本耀司曾经说过：“开始模仿你喜欢的东西。模仿，模仿，再模仿。在最后，你会找到你自己。”

这也是博览群书的好处。当学生看到的佳例典范足够多时，他们开始意识到从好的写作中可以得到什么。良好的推理。良好的逻辑。他们看到了其中的特点，就可以模仿，就像作家或画家模仿文豪与画

① 在使用诸如ChatGPT等人工智能工具时，人们需要掌握与AI对话的技巧，这样AI才能真正地读懂问题，给出答案。由于目前很多AI产品的智能化水平还有待提高，因而人们要学习一些提示词工程（prompt engineering）的知识，故此处译作提示词。——译者注

坛巨匠一样。

人工智能助手可以给学生提供大量不错的例子（注意我说的是“不错”的例子，并非“伟大”的例子）。当要求它们就某个主题写一篇文章时，一次又一次地问，每次都会得到不同的答案。当学生需要创作自己的原创作品时，就像艺术家、音乐家研究巨匠的作品一样，他们会从人工智能提供的好例子中吸取很多教训。

提示词技巧：即便你不厌其烦地问，也不会惹恼人工智能助手。所以不要退缩！让学生在每一次提问时，都提示人工智能稍微调整一下回答的类型。

3. 用人工智能重新混合学生的作品

让学生们先为课程创作一些东西：一个故事，一篇文章，一首诗，一篇对所学内容的摘要。然后，让他们利用人工智能助手将这些东西重新混合。

肯塔基州年度教师唐尼·皮尔斯（Donnie Piercey）让他的5年级学生做这个尝试，他们做到了。他将学生写的故事输入与人工智能助手互动的对话框中，将其重新混合成童谣、肥皂剧、美国航海民谣和附上插图的儿童读物。

这样做对学生有什么好处呢？无须多言，首先就是有趣！其次，这种方法也打开了学生的思维，让他们接触到新的阅读类型和写作类型。当学生们看到他们的作品经重新混合后又变成新作品的时候，他们可能想要在未来完成作业的时候模仿这种写作方式。如果没有人工智能助手的帮助，这扇大门可能永远紧闭。

提示词技巧：和学生们一起集思广益，讨论各种写作体裁，以获得更多的方法来重新混合他们的作品。

4. 将人工智能添加到“思考—配对—分享”的思维常规中

我喜欢万花筒教育公司（Kaleidoscope Education）创始人、教育企业家萨拉·迪拉德（Sarah Dillard）分享的这句话。她写道：“用ChatGPT扩大‘思考—配对—分享’可能是教育学中最大的技术飞跃之一——思考，配对，ChatGPT，配对，分享。”

当学生思考一个提示词时，首先，我们可以鼓励他们从记忆中检索他们所知道的东西并思考。其次，让他们与其他同学讨论。再次，他们可以用人工智能助手进行任何搜索。复次，让他们结伴讨论他们的发现。最后，让他们与全班同学分享。人工智能助手的出现，为学生们增加了额外的视角，提供了更多的信息。

提示词技巧：也可以把人工智能的这种用法用在其他的思维方式上。我在零号计划里补充了很多，可以参考我提供的思维常规工具包。

5. 给人工智能打分

多伦多地区的教师珍·吉夫恩（Jen Giffen）的高中生们想出了这种用法：

首先，给人工智能助手一个写作提示，让它写一篇文章，这个提示可能和你给学生的不同。其次，阅读机器人程序写好的文章。接下来，告诉学生你平时为他们的写作打分的标准，并让他们据此给人工智能助手的回答打分。

这有助于学生反思评分过程和他们自己的写作过程。当学生们自己的作业被评分时，他们很容易将其视为针锋相对，或者直接因为觉得自己搞糟了就将其忽略不计。但当学生评论一个没有感情的机器人的写作作品时，他们就会消除很多这种情绪。

提示词技巧：在人工智能助手写完文章后，把你的评分规则复制并粘贴给人工智能助手。让它根据评分规则给它自己的作品打分并提供反馈。

6. 和人工智能辩论

这一用法也来自珍·吉夫恩的高中生：让学生（以个人身份，或结对或组成小组，甚至以整个小组活动的方式）与人工智能助手进行辩论。

学生们持辩论的一方观点，人工智能持另一个观点。学生们输出自己的观点，让机器人程序反驳。这种方法为学生们提供了低风险的实战练习，他们想练习几次就练习几次，从而不断打磨自己的辩论技巧。除此之外，他们还能看到自己立场的焦点论据（或者对手可能会使用的），这样他们就能加强自己的论点。

提示词技巧：人工智能助手可以调整它们的语气和语言来匹配处于不同年龄和理解水平的学生，所以可以指定你想让它回应的人。这个人可能是与你的学生年龄和年级相同的人，也可以是专业辩手。

7. 利用人工智能洞察（深刻理解）晦涩的、难以解决的问题

如果你和你的学生不会解决一个高难度的数学或科学问题（或者不想花时间去解决它），那么，请向人工智能助手寻求解决方案。

如果可以，机器人程序会给你一个答案。但更重要的是，你会从中洞察到解决这个难题的过程。即便人工智能也不能解决这个问题，它也会告诉你原因。分析人工智能助手如何解决这个难题本身就很有价值。

此外，你也可以向人工智能助手提问如何解决更大的社会问题，看看它会怎么说。我曾问它，“如何解决世界饥饿问题？”，我得到的答案如下：

> 消除世界饥饿是一个复杂的、要从多方面考虑的挑战，需要世界各国政府、国际组织和个人的共同努力。为解决这个问题，提出的一些战略包括：

①提高农业生产力：这个战略可以通过使用精细农作和转基因作物等先进技术，改善基础设施，以及增加农民接受教育和培训的机会来实现。

②减少粮食浪费：世界上生产的粮食中有多达三分之一被损耗或浪费，这个战略是增加粮食供应的重要机会。减少食物浪费可以通过改善储存、运输系统以及提高对这一问题的认识来实现。

③改善分配系统：在许多情况下，粮食是有剩余的，但却没能有效地将其分配给最需要它们的人。改善分配系统，包括粮食供应链和粮食运输网络，将粮食送到有需要的人手中。

④促进经济发展：经济增长可以增加粮食产量，增加获得粮食的机会，以及增加解决粮食不安全问题所需的资源和基础设施。

⑤提供紧急粮食援助：在危机时期，例如在自然灾害或武装冲突期间，提供紧急粮食援助有助于防止饥饿和营养不良。

最后，解决世界饥饿问题将需要把上述方法和其他方法结合起来使用，同时政府和其他组织的强烈政治意愿和持续承诺也很重要。[①]

提示词技巧：如果你发现了它的逻辑漏洞或者想法没有完整表述，那么你就要求它继续回答，或者挑战它给出的回答！

① 以上文字来源于2022年OpenAI公司的ChatGPT提供的答案。

8. 向人工智能询问一个建议

这个用法还是来自珍·吉夫恩，有一次她非常笼统地问ChatGPT："给我一些建议吧。"ChatGPT给了她一些管理压力、人际关系和心理健康的一般思路，但是是非常好的想法。

人工智能助手不能取代咨询或医疗帮助。但我们确实会听取朋友、家人的建议，有时我们甚至会听取陌生人的建议。如果学生或者老师遇到任何困难，他们都可以向ChatGPT这种人工智能寻求建议，毕竟它将整个互联网的大部分数据集作为它自己的数据集。

提示词技巧：操作时要向人工智能助手明确你的目标，说清楚你想通过它的建议实现什么，缩小你所需要的结果范围，以便它们给出的建议更能帮助到你。

9. 预测你期望从人工智能那里得到的回复

如果你的学生正在学习一个主题，问问他们人工智能助手会如何总结这个主题，它会把什么事实包括在内，把什么排除在外，又将以什么顺序来给出总结。这种训练是一个良好的提取/大脑转储活动，能帮助学生回忆他们记住的东西，从而帮助他们建立长期记忆。

这个训练还可以鼓励学生进行批判性思考，因为学生要预测人工智能给出回答的顺序，学生要对人工智能可能会遵循的重要性排序给出自己的理由。

在课堂上做到这点的一个实用方法是用我提供的“成为机器人”（Be the Bot）的幻灯片模板。在模板上，给学生展示出他们将询问人工智能助手的提示。让学生写出他们认为人工智能助手会回答的内容。这样，在你稍后询问人工智能助手得到回答后，学生们就可以将自己给出的版本与人工智能给出的作对比，然后给出分析。

提示词技巧：如果学生给出了与人工智能助手截然不同的答案，那么你可以尝试问问人工智能，为什么它没能给出学生提到的内容。

10. 让人工智能多回答几次，选择一个更好的作品

人工智能助手通常会有一个按钮，上面写着“再次生成”。每次你问它一个问题，它就会从相似的提示语中生成一个原创回应，每次都是从头开始。如果你没找到这种按钮，那就再多问几遍，或者让人工智能助手再给你一个别的回答。

如果你被要求在60秒内选出一部你最喜欢的电影进行描述，并解释你为什么喜欢它，那么你每次的回答都会有所不同。而且对我来说，我每次选择的电影可能都不是同一部。每次你向人工智能询问时，它都会给出一种原创的、独一无二的回答，它一直是这么工作的。

让它为你回答问题或写点什么。然后一遍又一遍，不厌其烦地问它，用相同版本的提示词至少问它5次。

让学生（独自地/结对地/组成小组，或者要求全班同学）选取人

工智能每次回答的精华部分，然后将这些精华组成一个更好的最终作品。

这是一个实际的应用：我们的弗兰肯机器人模板（Frankenbot）有很多幻灯片用法。它被称为“弗兰肯机器人”，来自弗兰肯斯坦[①]（由许多来源的碎片组装而成）和机器人（来自人工智能来源）。使用人工智能助手对写作提示生成多个回应，将这些回复粘贴到你提供给学生的模板上。然后，让学生从人工智能的回复中挑选最好的部分，组成他们的最终作品。之后，他们回顾自己写在书面上的终稿。

对于那些努力写文章或论文的学生来说，这是一个脚手架策略，这为学生介绍了精心创作书面作品的策略，将学生们从繁重的工作中解放出来，同时，这还是一个帮助学生提高写作信心的有效方法。

11. 使用人工智能打造个性化的学习体验

这个想法的来源是ChatGPT。2022年，我向它提问：“如何把人工智能用在课堂上辅助教学？”它给了我很多建议，我下面要介绍的例子更侧重于通用AI，我坚信它一定会到来：

“人工智能可以根据每个学生的需求和能力，调整教学内容和节奏，为学生打造个性化的学习体验。这可以通过使用自适应学习软件来实现，该软件基于学生的表现调整学习材料。”

① Frankenstein是英国作家玛丽·雪莱在1818年创作的长篇小说《弗兰肯斯坦》中的人物，该作品被认为是世界上第一部真正意义上的科幻小说。——译者注

人工智能工具在现有的课堂技术工具中传播得越广，这种可能性就越大。即使是现在，就像这本书的出版一样，当没有那么多现成的选择时，很多人工智能工具或助手可以帮助我们为每个学生打造个性化的学习体验，我们可以通过向它们征求建议和想法的方式来实现这点。

提示词技巧：人工智能助手的一些互动操作可以让你得到你需要的结果。向它们描述你的学生的情况，如果它们给出的结果和你的学生不是很匹配，告诉它们如何进行调整。

12. 使用人工智能促进小组学习

这个方法同样来自ChatGPT。它不是那么精巧，但它是一种使用人工智能来帮助管理课堂学习任务的新颖方式。

我在2023年向ChatGPT提问，它给我这样的答复：

“我可以通过给每个小组分配任务并跟踪他们的进度来促进小组学习。我还可以对他们的学习质量提供反馈，并提出改进建议。”

ChatGPT说它可以创建学生小组，给他们分配任务，监控进度，提供反馈，并鼓励合作。ChatGPT说，教师需要输入所有数据来获得它的建议，然后教师可以把这些信息提供给学生。

如果你正在教授一门（个）对你来说陌生的学科（主题），或者你被分配去教授你不太了解的课程，人工智能助手可以帮助你推动小组学习，并提出你可能未曾想到的建议。

提示词技巧：如果你教授的内容是你不熟悉的，那么就把人工智能助手想象成一个富有经验的教师。你可以向人工智能助手提问，就问那些你想向资深教师请教的问题。

13. 用人工智能提供一个与众不同的视角

想知道历史人物或者有独特视角的人会如何思考或回答一个问题吗？教育家约翰尼·弗兰克斯（Jonny Franks）曾在自己的社交媒体账号上分享说："我在哲学课上用它（AI）来生成反驳论点，在宗教研究课上将其假设成一位佛教僧侣接受我的采访。"

这种活动可以帮助学生从不同的角度看待一个概念。然而，当面对人工智能丰富的活动时，请保持谨慎。人工智能助手可能会认为人们基于它的数据集采用信息，而不是基于人类的生活经验。可以将这种让人工智能提供独特视角的活动与其他批判性思考和对话搭配起来，比如让学生思考人工智能回答此类问题的准确性的活动。

提示词技巧：将人工智能应该提供的观点描述出来。如果它的回应没有达到该目标，告诉它如何调整。

14. 以一种难忘的方式将人工智能应用于学习

人工智能助手的无限创造力为我们打开了许多扇大门，帮助我们捕捉到学生的注意力，以他们印象深刻的方式吸引他们。

教育家达纳（Dana）在其社交媒体平台上分享道："我们用它来写一首关于明喻和隐喻的说唱。然后，我们编辑了说唱，并加入了我们自己的节奏。"

说唱、诗歌、俳句、歌曲、对话甚至是笑话。如果你不向这些人工智能助手提问，你永远不会知道它们能给出何种创造性的回答。正如达纳说的那样，师生通力合作，可以根据他们的需要对其结果进行个性化和重新混音，甚至把它们放进同一个伴奏里。

提示词技巧：告诉人工智能，你们的作品里需要包括哪些词汇和概念，这些词汇或概念是你课程中很重要的组成部分。

15. 给你的学生赋能，让他们改变世界

越来越多的学生试图解决现实世界的问题，并试着在现实世界中找到能让他们的真才实学有用武之地的应用之处。不幸的是，这并不能保证这些解决方案和实际应用能够起作用。人工智能助手可能会针对学生们的工作提供一些指导，使情况得以改善。教育家克里斯塔·范彻（Krista Fancher）在其社交平台上是这样说的：

> 一名学生上传了一份去年的社会创业项目，并要求ChatGPT找出解决方案中的所有问题。它做到了。这名学生根据人工智能列出的问题清单重新设计了这个项目，并建造了一个新的原型，旨在联结祖父母和他们的孙辈。这太不可思议了！

提示词技巧：如果人工智能助手建议你更改，你可以要求它创建

一个新版本的回答，附带它所建议的更改的执行方案。

16. 用人工智能写下有说服力的文本

说服别人需要一些技巧。有时候，对学生来说，给他们找到一个起点并在必要时进行调整是有帮助的。教育家凯利·邓肯（Kelly Duncan）这样描述学生们利用人工智能所做的事情："在我们的视听技术原理课上，（学生们）用人工智能写下公益广告和短片的脚本。"

提示词技巧：让人工智能助手为这些视频提供所选图像或视频，以及背景音乐类型的建议，然后让它告诉你为什么做出这些选择。

17. 利用人工智能提高词汇量

人工智能的一个用途可能是改进我们已经创造的东西。一个显而易见的好处是，它能使我们写的文本更完美。它也能帮助我们成为更好的作家。当人工智能试图提高学生的写作水平时，学生可以反思人工智能助手在哪些地方改动了他们的作品，然后做一个逆向推理，将这种更改作为一种可在下次写作时使用的策略。

一些教授国际预科证书英语课程（IB）的朋友们在一个充满创意的协作文档中分享了这个想法："学生们写一篇文章。将文章复制、粘贴到人工智能助手中，要求它增加词汇量。观察文章的变化，并认真反思，这些词汇让文章变得更出彩还是更逊色？"

提示词技巧：让人工智能助手将学生的写作提升到一个更复杂的水平（比如大学水平），甚至是一个更容易的水平（比如小学4年级的水平）。

用于计划、评分和教师任务

18. 向人工智能询问不同层次的定义

如果你需要解释或定义一个概念，那么人工智能助手可以为你提供解释，并以你想要的详细或简单的方式进行解释。

在一档播客节目《部分学分播客》（*Parital Credit Podcast*）的第99期中，杰西·鲁宾斯基（Jesse Lubinsky）分享了这样一件事：他向人工智能发问，如何以孩子能理解的语言给出“信仰”的定义。这件事让我意识到人工智能可以给出定义、描述和解释（这是我们所期望的），并将概念的复杂性提高和降低。

教育家阿罗娜·费舍（Alona Fyshe）在其社交平台上这样解释：

“我假装自己是5岁孩童，让它来向我解释意向性（这个概念），人工智能解释的比我曾经试图努力给孩子们做出的解释要稍微好一些。”

提示词技巧：你可以给人工智能助手一个定义，可以是教科书上的定义，也可以是你自己常用的定义。然后，你要求人工智能改进这个定义，使其理解起来更容易，或者让它提供一个类比。

19. 用各种各样的声音向人工智能“索要”文本

这是早期定义和观点想法的混搭。人工智能工具可以通过各种各样的人声创造出大量额外的阅读内容。例如，书中的人物，历史人物，你今天在现实生活中遇到的人，以及某个地方的来客。让它以艾米莉·狄金森（Emily Dickinson）或爱德华·埃斯特林·卡明斯[①]（Edward Estlin Cummings）的风格写一首诗。

另一种玩法：让人工智能以某些作家、诗人、说唱歌手等个人风格来回应。这也为你与“这些声音”进行反复对话打开了大门。例如，我有一次要求ChatGPT以美国前总统巴拉克·奥巴马的方式回应“狗比猫好”的说法。

下面这段文字是我对ChatGPT按照奥巴马的风格整理出4句话回应的转述：

> 虽然我尊重你的观点，但我相信狗和猫都有独特的品质，这也让它们与众不同。狗以忠诚和热情而闻名，许多狗影响了它们的家庭和社区。同时，猫是活泼好动的，有一种安静优雅的气质。虽然我知道有些人可能有偏好，但我相信狗和猫在我们的生活和心中都有一席之地。

当我问ChatGPT，这是奥巴马的风格吗，它指出，这段话既有分寸感又有尊重感，并在猫狗之间寻求共同点，正如奥巴马平日的文

① 美国诗人，他的诗作大都没有标点和大写字母，他经常将自己的名字写成e.e. Cummings。他还擅长创造不同寻常的排字效果和词语组合，经常使用俚语和爵士乐的韵律。——译者注

风。这段文字没有半分轻蔑之意，表达清晰，逻辑缜密，专注于让人们团结在一起。

人工智能这样的回答可以引发良好的课堂讨论和辩论。

提示词技巧：在训练中了解一个人的写作风格，请学生就一个基本主题写一篇简单的文章。然后，让人工智能助手用特定的人的文风来改写它，就像我之前让ChatGPT用巴拉克·奥巴马的风格写作那样。

20. 让人工智能对学生作业进行反馈

我们知道，有效反馈的一个关键方面是及时。在过去，学生交上传统的纸质作业，必须等到老师打完分并将其返回后，才能看到反馈。许多教育技术工具让我们能够更快地向学生反馈——无论是自动化的还是通过与老师或同学的直接交流。

人工智能助手可以成为反馈的另一个来源。在学生完成书面作业后，他们可以将其复制、粘贴到与人工智能助手互动的对话框中，并向它提问：如何提高写作水平。例如，我曾把我的一篇博客文章复制到ChatGPT中，并简单地询问它我要如何改进这篇文章。它给了我5个建议，包括过渡短语，增加更多的例子，把它分成更短的段落（最好现在就开始一个新的段落……）等。

不过，人情味在这件事情上显得格外重要。反馈一定要取决于学生的情况，要基于他们学过的写作知识来决定是否提议他们实施这些建议，以及如何实施它们。此外，教师会想要权衡人工智能助手给出的建议是否适合课堂和学生的写作。

提示词技巧：如果你有一个标准说明，在将学生作业复制上传给人工智能助手之前，先将这个标准提交给人工智能，并要求它依据该标准为学生提供反馈。

21. 让人工智能为你完成一些教师的工作

人工智能助手可以为教师写教案，或者是出一些测验题。向人工智能提问，让它找几个和你讲授内容相关的笑话，这样你就可以把它们搬到课堂上。当然，你不必逐字逐句地把它提供的所有内容都用上。但人工智能可能会提供给你一个修改的起点，或者在你已经有了一些内容的时候，为你提供一些改进的思路。

提示词技巧：告诉人工智能助手哪些是你喜欢的回答，哪些是你不喜欢的回答，从而让自己获得更多好的内容，规避更多糟糕的内容。

22. 用人工智能创建复习内容、问题和活动

写测验问题、抽认卡①内容，准备其他复习任务可能是一件苦差

① 又称闪卡，通常是正面印有问题、反面印有答案的卡片，在教学活动中辅助学生记忆，像拼音识字卡、英语单词卡都是这类产品。——译者注

事。这个工作已经相当公式化了，很多都不需要深入思考。如果我们能把一部分工作外包给人工智能，就能节省我们的时间。将学生学习过的课程笔记或内容复制、粘贴给人工智能助手，让它帮忙：

· 总结文本。

· 出测验问题（开放式题目、多项选择题等）。

· 创建讨论提示。

· 为制作抽认卡创建简短的定义或描述。

· 提供记忆辅助方法或助记工具。

· 建议组织学习的新方法，或者组织小组学习的材料。

提示词技巧：向人工智能助手具体说明你希望它以何种方式呈现内容，以便它更容易转移到另一个应用程序或网站。

23. 在人工智能的帮助下撰写成绩单评语、给父母发邮件

需要说明的是，我们的本意并非是让人工智能助手随意地告诉家长他们的孩子在课堂上的表现如何。但它可以给我们一个起点，我们可以给人工智能聊天机器人提供一些关于学生具体情况的细节，并告诉它我们想让它写出可以发给家长看的电子邮件、评论或消息。我们也可以要求它以特定的语气书写。一旦我们有了这个起点，我们就可以根据实际需要进行调整，增补新细节，修改不太对的地方。然后，当我们整理完毕时，我们就可以发送。

提示词技巧：可以将你之前给家长发送的电子邮件或评论复制并

粘贴给人工智能，以便它可以有可依据的背景信息，这样它这次就能帮助你创作出更贴合实际情况的评论或邮件。

24. 利用人工智能总结文本

如果你的学生正在阅读的文本已被整理到数据集中（例如ChatGPT这种工具），那么他们通常可以尝试要求这类工具对整个文本进行总结，或者对其中的某个章节、某一部分、某一幕、某个场景等进行总结。这就是我们多年前使用火花笔记文学指南网站[①]（SparkNotes）和文学作品导读"克利夫笔记"[②]（CliffsNotes）的方法，当然，以上两种方式在过去是饱受争议的——如果学生读了这些，那么他们就永远不会实际读作品。但最终，我们找到了这种利用总结性文本支持学生学习的方法。

读一篇你刚刚读完的文章的摘要总结，可以帮助你更好地理解读过的内容。它在性质上类似于读书俱乐部或读书会，你可以听到别人的看法和观察，这会帮助你形成自己对这篇文章的理解和观点。

提示词技巧：为了更好地得到你想要的总结性观察，你可以直接告诉人工智能助手，在提供摘要文本时应该着重关注什么。

---

① 是一个著名的美国文学指南网站，1999年由哈佛大学学生创建，提供了大量高质量的文学指南学习材料，包括作者个人资料、草稿、写作特征、人物分析、关键问题分析等。——译者注

② 是一系列学生文献学习指南。这些指南以小册子或网络的形式展示和创作文学作品及其他作品。——译者注

25. 利用人工智能创建分级阅读的文本集

如果你可以把同一个阅读文本生成可供分级阅读的不同版本的文本呢？教育家布里特·弗格森（Brittany Ferguson）说，这样做是为了帮助她的学生选择有区分度的阅读材料。

她在自己的社交媒体平台上如是说：“我今天用人工智能来创建分级阅读的文本集，按照小说、非小说和诗歌等体裁划分，或者按照我们在科学与社会研究单元教学中的基础知识点来划分。诚然，运用人工智能确实帮助我节省了数小时的资源整理时间。”

提示词技巧：如果人工智能给你的回答太简单或太复杂，那你就直接要求人工智能为你提供一个更复杂或更简单的版本。你也可以向人工智能提出具体的要求，比如回答中必须包括哪些关键词汇、文学手法等。

26. 让人工智能生成提示和问题，以促成讨论

我们希望学生思考、讨论和回应，但人工智能助手可以帮助我们构建和促成这些讨论。教育家汤姆·斯波（Tom Spall）建议使用人工智能助手，“为协作讨论制定可能的讨论点、问题、主题和错误想法”。

我曾在2022年问ChatGPT：“你（ChatGPT）如何被应用在课堂中辅助教学？”

它回答："我可以被用于促进学生之间的讨论，通过提出问题和提示，鼓励批判性思维，鼓励学生以更深层次的方式与教学材料互动。"

提示词技巧：为了提前了解学生讨论的进展或者你想引导他们讨论的方向，请人工智能对你预设的讨论观点、问题等做出回应。

27. 将人工智能用作模拟实验室

人工智能助手可以作为虚拟实验室，它能依据各种规格进行计算。例如，我曾向ChatGPT提出要求：请变成一间可以进行抛射运动的虚拟实验室。它模拟了一门大炮射击一个球，我给了它球的初始速度、角度、球的质量和空气阻力的大小。它为我计算出了球的最大高度，达到最大高度所需的时间，以及球落到地面之前的水平距离和预估时间。

我要求它变成一间虚拟实验室，向它描述我希望它模拟的事件，并告诉它向我询问进行实验所需的具体条件。

如果它能实现这种模拟，那么想象一下，你还能让它模拟什么。

提示词技巧：如果你不确定人工智能助手是否能运行你想象中的虚拟实验室，问问它是否可以，以及它需要什么信息才能实现这一目标。

28. 利用人工智能制作一组展示幻灯片

如果谷歌幻灯片或PowerPoint幻灯片是你教学生活的一部分，那么人工智能助手会是你的一个好帮手。让人工智能助手生成你要包含在每一张幻灯片上的文本，并告诉它你具体想要创建多少张幻灯片。你可以把你的教学笔记或者任何你拥有的资源复制、粘贴给它，或者你直接要求它根据某个主题为你的幻灯片生成文本，看看它能产出什么。

提示词技巧：让人工智能为你提出建议，告诉你可以在幻灯片里使用哪些图片。或者使用超过一般水平的高级人工智能助手，尝试其他可用的人工智能幻灯片创建工具。

29. 让人工智能撰写个性化教育方案（IEPs）

文书工作一直是从事特殊教育的教师生存的痛苦之源。撰写并创建有关个性化教育方案的文件会挤占教师的大量时间，令其无法开展实际的工作支持这类学生。

俄克拉荷马州的教育家蒂芙尼·佩尔蒂（Tiffany Peltier）通过ChatGPT发布了一个个性化教育方案目标，她要求它为一个4年级学生设定一个目标，这个学生每分钟阅读21个单词。人工智能助手帮她创造了一个目标，然后给出了如此设置该目标的合理理由。佩尔蒂和人工智能助手之间的互动讨论了很多针对特殊教育教师的活动建议和实践，如果你想要了解更多，可参阅资源拓展部分。

提示词技巧：不要被个性化教育方案绊住脚，可以让人工智能助手帮助你处理你不得不完成的任何烦琐的文书工作，让它至少为你创建一个起始点，然后你根据自己和学生的实际情况进行编辑和修改。

30. 使用人工智能撰写推荐信

作为一名高中教师，我知道满足学生写推荐信的要求是何等困难。当你写的份数达到一定的数量时，它们听起来就都千篇一律、毫无特色可言了。我认为人工智能助手应用是撰写基准信（就像做实验时要对照的基准模型）的好场所，在那里你可以通过自定义和改进满足你的需求。为撰写这封信提供背景信息，比如撰写这封推荐信的目的、目标读者、侧重点等，并要求人工智能帮你完成一个初稿。将你想要推荐的学生的闪光点穿插在这封信中，告诉它你要突出强调的部分是什么，你希望以怎样的语气来让你的学生击中人心。

提示词技巧：如果学生给你发了一份电子简历或者是履历，将涉及隐私的地方抹去，其余的部分复制并粘贴到人工智能助手软件中，让它帮忙写一封推荐信。

更多的人工智能工具和想法

在上一小节中，我们概述了30种使用人工智能助手支持教学和学习的方法。随着人工智能的使用变得更加广泛、更加主流，它将以更多的方式影响教学。我将为你列举几个其他类型的人工智能工具：包括会话搜索引擎Perplexity、幻灯片生成器Curipod、教案生成器Education Copilot、测验生成器Yippity、演讲评估器PowerPoint Speaker Coach、语法检查器Grammarly、图像生成器DALL-E等。

与ChatGPT不同的是，“Perplexity”在给予对话式回答的同时，它的回复还会列出其获取信息的来源和其他相关主题，提供逻辑推理、数据分析、场景决策等多种互动练习，以及更具吸引力的学习体验。数字幻灯片和演示工具“Curipod”，给它一个主题，它会在几秒钟内为你生成9—12张交互式幻灯片，包括投票、词云、开放式问题、绘图工具等，你可以根据自己的需求进行编辑或调整，这个工具使学生的早期学习体验更加有效。你的课程计划需要一个起点吗？教育副驾驶“Education Copilot”人工智能工具能够生成课程计划模板、写作提示、教学讲义、学生报告、项目大纲等，帮助教育工作者优化课程和活动设计，提高学生的学习参与度和学习成果。“Yippity”是一个可以将传统课堂评估数字化和个性化的人工智能工具，会自动将任何文本生成测试，根据提交的文本创建问题和答案，而且文本还能复制、粘贴到带有抽认卡功能的应用程序或测验工具中。“PowerPoint Speaker Coach”（演讲者教练）可帮助学生在任何时间准备更有效的演讲，教练会评估演讲学生的语速、音调、填充词、非正式演讲、委婉语和文化敏感术语的使用，并检测学生是否过于啰唆或只是阅读幻灯片上的文字。每次排练后，学生会得到一份报告，其中包括统计数据和改进建议。“DALL–E”让做图变得更简捷、高效、有趣。输入你想看的任何东西，甚至你想要的表现方式，例如像素、卡通或克劳德·莫奈的风格。然后，DALL–E将根据描述创建一个图像。图表转化工具“ChartGPT”也很实用，它是一个将文本转换成精美图表的工具，你可以输入对数据的描述和所需图表类型，它将在几秒钟内创建出包括面积图、条形图、线形图、组合图、散点图和饼图在内的多种图表，给学生创造更多视觉化的记忆点。想跨越时空和历史人物进行深度对话？学生可以通过“Hello History”向历史伟人提问，从他们的视角收获对生活、历史和世界的新洞察，增进艺术、音乐、文学、哲学、科学各领域的知识。Canvas推出的人工智能魔术写作（Magic Write）工具，也会帮助你生成创作起点，告诉它你的想法，它会帮你把零散的想法组合成连贯的文本，它甚至能帮你起草电子邮件，帮助你将现有文本改写成新文本，根据你的语气调整你的写作，帮助你集思广益。如果想了解更多，可访问我的网站。

关键定义

数据集

用于训练人工智能的数据集合。集聚在这里的所有信息会教会人工智能并且帮助人工智能学会如何回应。

这里有一个数据集的例子：

假设有一个记录掷硬币结果的电子数据表格。它会跟踪抛硬币的次数以及结果是正面还是反面。想象一下，这个过程在虚拟环境中被重复了数百万次。人工智能可以运用这些结果连带它从其他数据集中学习到的东西来告诉你，在既不选择正面也不选择反面的情况下，会产生的任何竞争优势。当然，人工智能的有用性取决于它的数据集和它所做的训练。与人类一样，人工智能及其数据集也有局限性、偏见，甚至不准确。进行更多的训练、收集更多的数据可以弥补这些缺陷。

机器人检查：本章内容的80%由人类（我本人）创作，20%依托人工智能技术创作。

使用AI：让它说出一些将人工智能工具运用在课堂上的想法，写下“数据集”的定义以供我进行编辑，测试很多人类提供的例子。

30种人工智能可以支持教与学的方式

1. 使用人工智能充当比搜索引擎更深层次的信息来源。
2. 使用人工智能提供多种多样的佳例。
3. 使用人工智能重新混合学生的作业。
4. 将人工智能添加到“思考一配对一分享”的思维常规中。
5. 给人工智能打分。
6. 和人工智能辩论。
7. 使用人工智能洞察宏大的、难以解决的问题。
8. 向人工智能询问建议。
9. 预测你希望人工智能回应的答案。
10. 采取人工智能的多个回复，做出最好的作品。
11. 使用人工智能创造出个性化学习体验。
12. 使用人工智能促进小组活动。
13. 使用人工智能贡献独一无二的视角。
14. 以难忘的方式将人工智能运用到学习中。
15. 为学生赋能，创造一个与众不同的世界。
16. 在人工智能的帮助下写出有说服力的文本。
17. 使用人工智能提高词汇量。
18. 从不同的层次要求人工智能给出定义。
19. 要求人工智能用不同的声音来写下文本。
20. 要求人工智能给学生的作业反馈。
21. 要求人工智能为你做一些教师文书工作。
22. 在人工智能的帮助下，创造出复习内容、问题和活动。
23. 在人工智能的帮助下写出成绩单评语和给家长的电子邮件。
24. 使用人工智能写出总结概括性文本。
25. 使用人工智能创造出分级阅读文本。
26. 让人工智能生成促进讨论活动的提示和问题。
27. 把人工智能当作虚拟实验室。
28. 在人工智能的帮助下创建展示幻灯片。
29. 在人工智能的帮助下为个性化教学方案写下内容。
30. 在人工智能的帮助下写推荐信。

第5章

什么是人工智能时代的作弊与抄袭

面临人工智能内容创造的时代鼓励学术诚信

有人说：屏蔽它，禁用它。停止欺骗。停止抄袭。其他人则说：接纳它，适应它。让学生做好准备，发展进化。

与教育工作者谈论人工智能技术的扩散，你很可能会发现他们要么站在反对和支持这两个极端的一边，要么考虑周全地站在两者之间。

我们大多数人都意识到，人工智能技术的扩散将引起改革，并影响教育。在一项关于人工智能在教育中如何应用的读者调查中，一位读者的简洁观点引起了我的注意：

“无论我支持不支持，不管我对此兴奋与否，它的发展都是不可避免的。”

那么，我们如何在这个鱼龙混杂的世界中驾驭人工智能？我们如何帮助学生做好茁壮成长和成功的准备，同时让他们保持责任感并成长为人类？

让我们先回顾一下我先前做的读者调查。我总共收到了300多条回复，从中我受益匪浅。这个调查我从2023年2月进行。（请记住，在某些方面，这本书是一个时代的速写。）当时，74.6%的受访者表示，如果满分制为5分，他们对学习人工智能及其对教育的影响的兴趣为5分（这是最感兴趣的一群人）。此外，有73.7%的受访者选择“经常/很多次”或“较经常”听到人工智能。

在上述调查中，来自世界各地许多国家和地区的教育工作者分享了他们对未来人工智能教育的感受和发现、问题和疑虑。

在本章中，我将转述这些读者的回答，并将其整合成对话的形式。让我们拭目以待，看看你能不能从中发现你自己。

■ 我对所有这些人工智能的东西都有复杂的情绪。我想站在最前沿，我知道人工智能在我学生的未来占据重要组成部分。但有很多事情值得关注。

■ 我也一样。我对未来和人工智能的可能性感到兴奋，但人工智能也让我感到惧怕。毫无疑问，它是一种破坏。随着时间的推移，人工智能的出现将改变我们的作业，我们对学生的要求，以及我们为他们准备的内容。但人工智能现在也没有强迫我们立即进行彻头彻尾的变革，我们完全没有必要恐慌。而且，我们还得花点时间才能搞清楚我们的新常态是什么样的。我们只能依据现有的知识尽我们所能。就像玛雅·安杰洛（Maya Angelou）的名言："在你知道更好的方法之前，尽你所能。"

■ 我现在最担心的是作弊。我仍然希望我的学生学习和思考。我担心他们只是无意识地就把我布置的作业塞给人工智能助手完成，这样他们什么也学不到啊。

■ 在我看来，我们谈论思考的重要性是非常好的。即便在我们的世界里有了人工智能助手，我们仍然需要人类的大脑、人类的眼睛和人类的心脏来确保它们生成的东西是合适的、有用的、实用的。

我认为“思考”和“使用人工智能”这两者并不是相互排斥的。思考和使用人工智能可以同时进行。希望在读完前几章关于探讨如何使用人工智能的想法之后，这一观点在你面前已经很明晰了。

现在，让我们来谈谈“作弊”（cheating）这个词。许多资料将作弊描述为不诚实或不公平的行为，以获得优于他人的优势——或者，在学生学习的情形下，作弊指他们的表现超过了我们希望他们达到的学习标准。

我认为，随着人工智能融入我们的工作和个人生活，社会对“作弊”一词的定义也会发生变化。人工智能助手是一个能帮助我们提高生产力的工具，它将应用在工作世界。（现在已经是这样了。）为了让学生为未来做好准备，作为教育工作者的我们需要帮助他们学习如何以合乎伦理的和负责任的方式将人工智能整合到他们的工作中，同时利用好他们自己的人性优势。我们不希望学生在高中或大学毕业时才意识到他们掌握的任何技能竟然都已经过时了。

在学校里，我们必须认真思考什么是作弊。我们必须根据学生的未来来定义它，而不是依据我们现在的情况，也不是依据我们课堂上的现状。

我们如何定义用人工智能作弊？这是一个棘手的问题，是教师、学校和学区需要讨论和思考的问题。

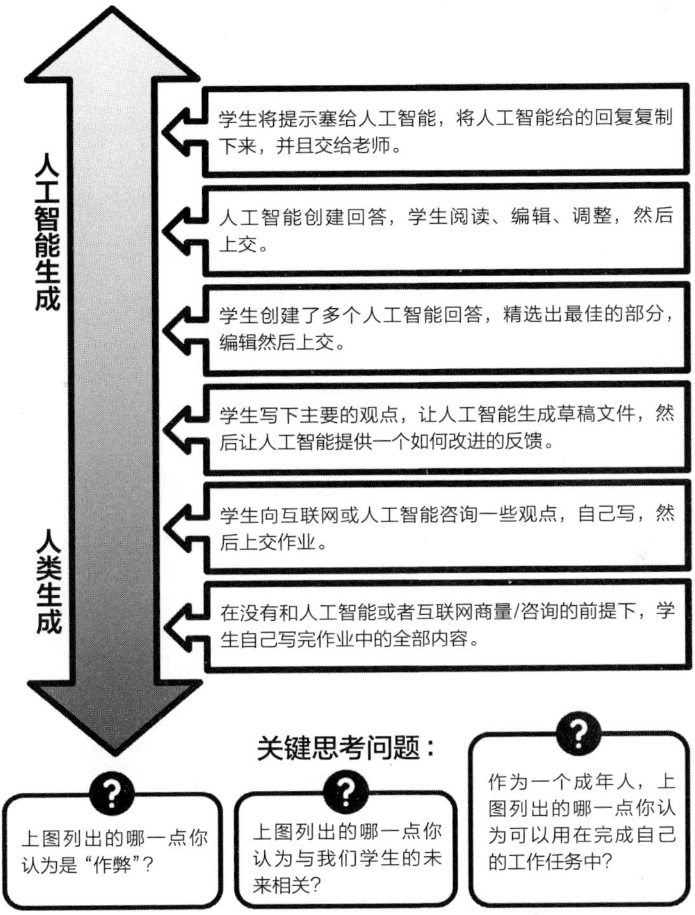

图5.1　重新思考“抄袭”和“作弊”

■ 让我们这样思考。看看图5.1，在这里作业完成的范围从完全人工智能生成到完全人类生成。在某个地方，我们必须划清界限，说："这是作弊。"也就是说，我们在说，"这与我们对学生的标准不一致"。

- **图5.1的顶端部分是由人工智能参与完成的作业，不掺杂学生任何的思考。**这算作弊吗？我想可以肯定地说，这不是我们想要学生去做的事情。他们没有做任何思考，所以这种方式就不会培养出将来能为他们的工作、生活提供服务的技能。
- **图5.1底端部分是只有人类参与完成的作业，没有借助任何互联网或人工智能的力量。**我们可能不认为这是作弊，但这是有问题的。为什么？因为这种完成作业的工作对我们学生的未来并不真实。我不认为这正是我们需要的。
- **介于图5.1顶部和底部的中间部分的一切都是人工智能与人类的灰色地带。**在这片区域里的某个地方是真正的工作，完成这种工作会为学生的明天做好准备，同时也刺激他们的思考和学习。但这取决于解读。你的底线在哪里？什么样的工作能促进对学生有益的学习？
- **在这些对话中，我们也必须自问：作为成年人，我会在工作中使用哪一种方法？**为什么我们要用不同的标准来要求学生，尤其是如果我们成年后的工作内容能反映学生们将来要做的工作呢?

○ 这里有更多值得思考的养料。美国教育界领袖人物肯·谢尔顿（Ken Shelton）看到这张图后，富有启发性地补充道："把这张图中的'人工智能'换成学校里的'同学'或'朋友'，你的观点/想法会改变吗？"我们也需要讨论协作工作。

■ 我明白你所说的术语"作弊"的变化，也明白要为学生的未来做足准备。我一直在想这个问题。但我还是想让我的学生亲手写。想想看。我已经要批改学生交上的文章，检查抄袭了。现在，我也需要担心人工智能。我只是没时间做所有这些事情。

■ 这里有几件事在起作用。我们来谈谈"剽窃"和甄别到它的那一瞬间。现在，"剽窃"的一个常见定义是：用别人的作品或想法冒充自己的。

当人工智能助手写东西时，它每次都做原创工作。剽窃是以他人的工作，作为自己的。康奈尔法学院认为，知识产权是"法律保护的人类智力的任何产物，防止他人未经授权使用"。

尽管随着法律逐步适应技术进步和挑战，这种情况可能会发生变化，但目前，人工智能创造的作品并不属于任何人的知识产权。在某种程度上，它就像在公共领域发布的作品，不受版权的约束，任何人都可以重复使用，不需要署名，也不需要出于任何目的。问一个人工智能助手，它拥有刚刚给你的回答。它可能会告诉你，它不是人类，它不能拥有知识产权。若你问它应该如何引用它的作品，它可能会告诉你识别信息的来源和检索时间，就像我们在引用互联网上的资源时所做的那样。

这些定义都很重要，对吧？我们讨论了“作弊”定义的变化。对“剽窃”的定义和学术政策也随时可能发生改变。不过，我仍然希望随着“作弊”与“剽窃”这两者定义的变化，它们体现出的是学生在未来的现实世界中将面临的技能和实际情况，而不是反映教育工作者为了怀旧或固执而坚持的过去的实际或现在的实际。

我无法消除检查学术诚信的时间负担。我们可以开始将人工智能视为学生将会使用的工具（就像使用搜索引擎那样），并鼓励他们要学会负责任地使用它。当我们这样做时，我们将不会那么劳心费力，消耗大把的时间在与检查学术诚信作抗争上，而是投入更多的时间去帮助学生为他们的未来做准备。

■ 理论很丰满，但我需要更切实际的答案。我的学生会说：“这是我的论文。是我自己写的！”如果不是的话，那我要如何证明呢？

■ 好吧，让我们来谈谈人工智能检测器（AI detector）——这是很多人想到的第一个答案。

在ChatGPT和人工智能助手发布后的几天和几周内，对人工智能检测器的需求当即出现。而且，正如它所做的那样，市场迎合需求。在网上快速搜索“人工智能检测器”（AI detector）或“GPT检测器”（GPT detector），会得到大量结果。

但是，请少安毋躁。在你将本书放在一旁，立刻上网搜索之前，你必须想清楚：这些人工智能检查工具真的能解决问题吗？将格局打开，如果从更广阔的图景来看，我们将其当成问题来看的是什么？我们所感知到的问题，难道当真就是一个问题吗？

这么说吧。当查重工具Turnitin出现时，它并没有“解决抄袭问题”，它的出现也没有让抄袭现象彻底消失，它并没有强迫学生投入到工作中，更没有改变他们的动机。

OpenAI首席执行官山姆·阿尔特曼（Sam Altman）在2023年的一次采访中谈到了人工智能检测器，他说：“也许我们有办法帮助教师们更容易地发现（人工智能写的作业），但老实讲，那些内心坚如磐石的人会绕过这种操作，我个人认为，这不是社会可以或应该长期依赖的东西。”

以下是关于人工智能检测器需要思考的4个问题：

- **人工智能检测器并不是灵丹妙药。**即使你找到了最准确、最有效的方法，也阻止不了学生使用人工智能来完成他们的作业，也不会让人工智能工具从世界上消失。

- **现如今的人工智能检测器尚不可靠。**它们通常会呈现出“假阳”或“假阴”的症状，将人类创作的文本误报成是由人工智能创作的，或者将人工智能创作出来的文本误判成是由人类创作的。就像在法庭上一样，你不能用站不住脚的证据指控某人。
- **人工智能检测器可以成为师生讨论的开端。**如果一个学生上交的作业有大量的内容看上去似乎是由人工智能生成的，那么可能是时候和这个学生好好谈谈了。你们可以探讨很多问题，比如：“我怎么知道你学到了什么内容？”“是否存在你自己完成作业的障碍？”“在一个人工智能的存在感越发突出的世界里，你将如何让你的人性发挥作用，使你不会被人工智能占据？”
- **作为教师，动用你的教师眼睛和教师大脑。**如果你一直都亲自批阅学生的作业，并时刻关注他们的点滴进步，那么你的人类感官可能会比人工智能检测器更敏锐，甚至一下子就能捕捉到一些看起来或听起来就不像是学生创作出来的东西。

■ 我知道我们正在朝着进步的方向迈出小小的一步。我看到作弊和抄袭的定义正在发生变化，我知道人工智能检测器不会解决所有问题。但我还是担心人工智能会代替我的学生写东西。

■ 让我们坦诚一点吧，你说的情况很有可能发生。这就是为什么我们需要与学生讨论如何以合乎伦理的和负责任的方式使用人工智能进行学习。让我们再诚实一点。即使我们用心良苦地探讨出如你面前的这些对话，仍有学生在使用人工智能的时候毫不负责。

那么，我们如何调整我们的教学呢？我们如何将文章写作带入一个集成人工智能的世界？老实说，这个问题的答案不仅仅适用于文章写作，打开思路，它适用于多种学生作业类型。

在继续思考之前，我们必须问一个基本的问题：为什么我们首先要求学生写文章（论文）？在教育中布置这些文章的目的是什么？

论文是我们用来了解学生会做什么、如何看待这个世界、他们的过程是什么的工具。在过去（和现在），各种文章帮助我们窥探学生的大脑，了解他们学到了什么以及他们是如何思考的。

文章也是学生练习交流的好方法。让学生练习写作，磨炼形成想法的技能，并以他人能理解的方式，清晰有效地沟通或交流自己的想法。

我的意思并不是说由于人工智能助手的出现，文章就完全过时。当学生独自完成认知工作（或有适当的技术支持）时，写文章依旧是一项良好的智力锻炼。

我们必须接受两件事：

- 从现在开始，传统的文章可能会不同程度地受到人工智能的影响。
- 如果我们给学生布置文章，那么我们必须承担这样的风险，即学生可能会试图通过过度依赖人工智能助手的方式来避免思考。

除了文章之外，本书的第4章和第5章还提供了很多其他的衡量学生学习和交流的方法。

你还是没想出一个办法帮助我防止学生们使用人工智能帮他们做作业。

你是对的。我没有。我做不到，你也不能。自从教育诞生以来，那些没有动力、不参与学习的学生，早已经找到了逃避他们不想做的事情的方法。在与苏格拉底本人讨论时，很有可能他的一些学生就凝视着天空发呆，心不在焉。事实是，如果学生没有动力，那么他们终会找到一个放弃的理由。这不是对老师或教学的控诉。这是真相。在这种情况下，人工智能可能只是他们摆脱学习的方式之一。作为教师，我们的工作就是找出他们不参与学习的原因，然后通过我们的教学和学生的动力来源的改变，帮助他们做出改变。

■ 好吧，我所在的学区禁用ChatGPT。另外，我们规定ChatGPT的使用者必须年满18岁（或者得到父母允许的前提下，年满13岁），所以我的学生还不能使用它。

■ 的确如此，（截至本书出版时）用户必须年满18岁才能使用ChatGPT，或者在父母或监护人的同意下年满13岁才能使用。我想说，你所在的学区主动屏蔽任何有用户年龄限制的应用和网站，只因在你们学区注册的学生的年龄未达到用户年龄的要求，这说明学区尽职尽责。如果所在的学区允许教师这样做，那再好不过了。

但我们必须明确一点，即使使用条款有年龄限制，低于这个年龄的学生仍然会在课外使用它。他们甚至可能在教室里、走廊里或洗手间里用手机访问它。它就像社交媒体。要知道，年龄限制和服务条款很难吓跑孩子们。我们不能要求学生在他们年龄未满时使用那些有限制的工具。但是学校的屏蔽并不会释放一个巨大的气泡，将学生包裹，让他们在18岁之前永远接触不到这些人工智能助手工具。

此外，截至目前有明确的满18岁以上的使用条款只针对ChatGPT这一款人工智能助手工具，许多其他AI助手或其他AI工具终将出现，其中一些可能允许更小年龄的用户使用。最后，很多人工智能助手的产品会嵌入到学生使用的各种技术工具和应用程序。学生总会在某个时候合法地使用它们。我们必须小心，不要因一款产品的年龄限制让我们失去探讨人工智能可能带来的作用的兴趣。

■ 好的。我们之间的对话很有帮助。不过，我还是有所顾虑。我的意思是，它会让我联想到天网——你知道吗，就是《终结者》（*The Terminator*）电影里那个拥有自我意识并试图毁灭世界的人工超级智能系统。我们需要谨慎行事。

■ 你应该有所顾虑，我也应该如此，小心驶得万年船。我们要考虑的事情有很多，而且不全是阳光和彩虹。我生性乐观，过于关注积极的方面。这很容易做到。我们应该密切关注这些让我们顾虑的问题，但同时也要为所有这一切打开的可能性和机会留出空间。

在下一章中，我们将讨论在集成人工智能的世界中我们所面临的一些伦理问题，以及你可以与学生进行的一些对话。

关键定义

机器学习

机器或计算机在从数据集和大量实践中学习的基础上创建分步指令（算法）。系统从数据中学习，识别模式，然后根据所有的学习做出预测和决策。它获得的数据越多，对这些数据的实践越多，它就越能创造出理想的结果。

机器人检查：本章内容的95%由人类（我本人）创作，5%依托人工智能技术创作。

使用AI：让它写一个机器学习的定义，确认天网的细节。

第6章

在人工智能集成的世界中有担当地任事

随着人工智能的发展，维护我们的人性和道德

一想到人工智能，我们就会浑身起鸡皮疙瘩。这是我与朋友、家人和同事讨论人工智能及其实现时，很多人的本能反应。其中一些是因为缺乏知识——对未知的恐惧。但很多都是基于道德的。

我们试图勾勒出一个人工智能在各个领域渗透的世界。我们问，“这个世界看起来很美好吗？它怎么能伤害或刺痛我们所信奉的神圣的道德感呢？”

学习和讨论那些让我们起鸡皮疙瘩的事情，是一个良好的开始。

2021年，联合国教科文组织193个成员国通过了《人工智能伦理问题建议书》，创造了所谓的“伦理主题的第一个全球标准制定工具”。

这份长达44页、共141个要点的文件确定了价值观、原则、政策行动领域等，旨在“引导人工智能技术朝着负责任的方向发展”。这为自我教育，也为课堂、教师、社区和社会创造讨论问题，提供了一个好的起步点。

进行检查，问些问题，挖掘答案。

以下是我最关心的几个问题：

数据的来源是什么？

任何人工智能系统的好坏一是取决于它的数据集，二是取决于它是否能得到有效运用数据集的训练。

在计算机编程领域有一句老行话：“垃圾入，垃圾出。”（GIGO）意思

是如果将错误的、无意义的数据输入计算机系统，那么计算机自然也一定会输出错误、无意义的结果。

任何人工智能的数据集都来自各种各样的资源，但没有办法将所有人类的全部信息、观点和经验全部封装，总会留有缺口。此外，很多数据的来源充满了偏见和不准确性，我将在后文详细阐述。

质量管理专家W. 爱德华兹·戴明（W. Edwards Deming）博士说过："每个系统都是经过精心设计的，以获取它所获得的结果。"每个系统并不总能产生设计者想要产生的结果，它产生了设计要产生的结果。如果一个系统——比如人工智能——生成了一个有缺陷的结果，那么它就暴露了其在数据、训练方式、设计方式等方面的缺陷。

> **"每个系统都是经过精心设计的，以获取它所获得的结果。"**
>
> **——W. 爱德华兹·戴明**

你对人工智能工具探究的次数越多，它就会暴露出越多的缺陷。这并不一定意味着由于人工智能存在着差距、偏见和不准确性，我们就不应该使用它们。相反，唯有需要认识到这些差距、偏见和不准确性，我们才能解释结果，并以适当的方式运用人工智能为我们生成的这些结果。

人工智能在收集什么样的数据?

这个问题让我想起了我和妻子百看不厌的电视剧《疑犯追踪》（*Person of Interest*）。在这部电视剧中，一个软件开发怪才发明了一个名为"机器"

（The Machine）的程序，它是一种人工超级智能。“机器”从那些毫无戒心之人那里获取了各种各样的个人数据——公共记录、监控录像、电话、电子邮件等。“机器”旨在检测对美国国家安全的威胁（美国政府认为的“相关”威胁）。软件开发者哈罗德·芬奇（Harold Finch）用“机器”来寻找那些针对普通人的威胁，他们通常被认为是无关紧要的人，芬奇会想尽办法赶在罪犯对其下手之前就加以阻止，将他们从危难中解救出来。

这部剧充满了各种伦理问题，关于监控、人工智能、操控它们的人的背后的动机，以及如果人类失去控制会发生什么。

毫无疑问，在这部剧中，“机器”处理的数据都是非法获得的，但这依然能让我们联想到今天我们探讨的人工智能之问：

○ 什么数据是人工智能收集的？这些数据将被如何使用？

○ 人工智能收集了哪些私人数据，是否符合隐私法律（特别是由国家颁布的儿童在线隐私权保护法）？

○ 还有什么其他的数据会被收集？是以什么方式收集的？这类数据的收集是否合乎伦理？

是谁在写算法？

这个问题让人想起电影《绿野仙踪》中的场景，桃乐茜发现自己身处奥兹国，想回到堪萨斯州的家。巫师声称，如果她满足他的要求，他就能帮助她。他似乎是一个高大的、绿色的、神秘的人物，住在翡翠城的一座宏伟的宫殿里。

然而，随着剧情的推进，观众发现他却只是一个普通人，在宫殿里投射出雄伟的形象，以创造权力和操纵人民。当桃乐茜试图揭穿他时，他用巫师那压倒一切的声音说出那句标志性台词："别管帘子背后的那个人！"

我们不得不追问：是谁在编写驱动人工智能的算法？是谁在幕后操纵和做决定？有人决定算法中包含什么，什么重要，什么不重要，以及人工智能会创造什么样的结果。所有这些决定都有其后果。而这些决定全部是由人类做出的——人类有偏见，有有限的生活经验，有特定的观点。代理人起到很重要的作用，即使不是每种类型的人都会是开发人工智能产品的雇员，但他们的反馈也应该起到重要的作用。

教育公平对话的领导者肯·谢尔顿问道：谁来定义"智力"这个术语？智力的定义是什么，这会令何人从中受益？这就是为什么在人工智能的创造中，关于性别、种族、背景和观点的陈述，保持透明度至关重要，这样会确保没有一方的声音被压制。

人工智能提供的数据能有多准确？

当一种新的人工智能工具被引入世界时，它并不是一个完美的成品。它需要训练。随着更多的重复和与人类的互动，它会变得更好。

它不像是一种艺术展品，艺术家在私下里埋头作画，创作、勾勒、修饰，直至作品完全符合她的要求。然后，她向所有人展示最终的成品。

相反，大多数人工智能工具更像一只小狗。当一只小狗出生时，虽然呆萌可爱，但它绝不是一个成品。小狗会用尖牙咬坏你的家具，在地板上撒尿，还会整夜吠叫，让人无法入睡。小狗总是带着缺点出生，但如果你对它加以训练，它们就会表现得越来越好。如果你训练得当，它们还会听从你的命令，根据你的指示炫技，比如翻跟头、打滚等，而且还会在一些时候给你提供帮助。训练有素的小狗，终会成长为负责的忠犬。

关于准确性，我们需要铭记两件事。第一，没有一个人工智能工具从一开始就应该是完美无瑕的。ChatGPT是在免费的研究预览（Research Preview）阶段发布的，而不是作为一个成品发布的。当时谷歌和微软推出了他们的第一个人工智能聊天机器人来与OpenAI发布的ChatGPT相匹敌，这个聊天机器人错误频出，（巴德）在一个宣传视频中犯下了一个备受瞩目的错误，导致其母公司Alphabet损失了1000亿美元的市值。但这并不意味着巴德将永远不可靠。（不过，这件事确实给巴德的营销团队提了个醒，以后应该要多加小心……）

第二，在人工智能工具的婴儿期之后，准确性是需要监测的。经过训练，人工智能工具的准确性表现是否得以改善？当人工智能工具达到成熟的程度时，它是否像我们所期望的那样准确？训练的时间越长，它就应该变得越聪敏。如果它没有变得更智能、更准确，那就值得我们担忧了。

人工智能对公平有什么影响？

学校禁用人工智能聊天机器人ChatGPT的第一个特别公开案例发生在2023年1月，纽约市公立学校禁止使用ChatGPT，该学区屏蔽了学校计算机和网络上的教师和学生的人工智能工具。

我的第一个问题是：此举将如何影响纽约市公立学校学生的未来？想象一下，当禁令实施时，有一个年龄为10岁的学生在纽约市读书，在美国学校教育系统他正在念4年级，该禁令会对他造成什么样的影响？如果禁令继续下去会发生什么？这个学生在高中毕业前大约要在纽约市市立学校待8年。在那些年里，他几乎没有在学校环境中适当和有效地使用人工智能的经验或模型。想象一下，当这个学生上大学时，这种体验欠缺将带给他多大程度的公平差距，比起其他有过类似经验的同龄人，他将处于竞争劣势。想象一下他大学毕业时的情况，他缺乏在生活和工作中融入人工智能的经验，这可能会成为影响他被雇用的一个不利因素。

埃弗雷特·罗杰斯（E.M. Rogers）曾提到，研究人员根据性别、种族、地理位置、收入水平和其他因素，记录了边缘化群体缺乏接触技术的途径和机会的情况。这些因素可能导致人们无法接触到人工智能——它的使用、它的影响、它对工作的影响——也可能造成不利影响。

但人工智能工具能成为一个平衡器吗？当学生能够接触到技术，去具有前瞻性的学校就读时，他们会更加了解人工智能并学习到使用人工智能工具的方法，他们就可以获得某种程度的优势，这无关乎他们的长相如何，出生在哪里，或家庭收入高低。

如果我们使用人工智能，它发出的到底是谁的声音？

我在社交媒体上进行了一些非常有趣的对话，讨论人工智能对教与学的影响。

○ 一个人告诉我，他从来不想让自己的学生从人工智能生成的课程计划中学习。（尽管老师们的时间非常紧张，我们也会调整这些计划以最适合学生的需求。）

○ 另一个人问：如果人工智能聊天机器人帮我写邮件怎么办？它是我吗？和别人谈起的时候，我说是我写的吗？

○ 另一个人在思考：如果一个教师用人工智能工具生成教学计划，得到赞扬的会是谁？首先，我想知道的是，赞扬在教案中的重要性是什么。其次，如果教师在“教师付钱给教师”平台上购买教案，那么创作者（使用人工智能工具的教师或者工具本身）是否会得到赞扬。

以上三个问题的核心都是一个概念：声音。

声音是一个重要的概念，它是我们人类的重要组成部分。我个人的声音在我自己的作品中至关重要。当我在课堂上教学时，我花了很多时间思考我想要如何表现，我想要如何交流，以及我希望学生在我的课堂上有什么感觉。是声音辅助我实现我想在课堂上呈现出来的部分。

现在，当我写一本书或一篇推文，当我在播客或演讲中发言，甚至当我创作图形或速写笔记时，我希望声音能给我独特的感觉。

我们的声音代表了我们作为人类的身份，代表了我们是谁。我们想让所有的人知道我们期待什么。我们想要真实。

所以，当我们在电子邮件中、在教学中、在计划中、在任何事情中使用人工智能时，它是真实的我们吗？

对我来说，运用人工智能工具辅助我这件事情，同我从其他地方收集想法别无二致。当我与别人交谈时，当我观摩别人的教学时，当我观看别人的演讲时，当我阅读他人的作品时，我就会有想法。我找到我个人喜欢的部分，丢弃我不喜欢的部分。然后我使用那些我认为合适的想法，如果我的使用受到某人想法的严重影响，我就会相信他们。

如果我用人工智能助手为我编写大量的电子邮件会怎么样？那真是我写的吗？这是一个你必须考虑的重要问题。对我来说，如果人工智能工具生成的文本能表达我想要表达的想法和情感，那么我就会采用它生成的文字，作为我的语言。如果是这样的话，那么人工智能工具生成的文字的确是我写的。这些文字符合我在这个世界上的形象。如果有人问我是否使用人工智能工具来创建我曾写过的文字或说过的话语，那么就我个人而言，我会将对其使用的情况公开和透明化。但我也要明确，它发出的最终信息——意图、语气、潜台词，所有这一切——都是我个人的责任。

我们的声音代表了我们作为人类的身份。

这是我们为了保护人性而必须提出的问题，我们自己必须对这个问题的回答感到满意。

它将以何种方式影响谁？

创意界人士和艺术界人士对人工智能对他们的职业和艺术的影响表示担忧。如果人工智能可以创造艺术、诗歌和散文，那它将会对那些耗费终生心血磨炼该领域技能的人产生什么影响？

教育工作者们曾问出同样的问题，我敢打赌你也想过。如果人工智能可以“教学”——回答问题、指导技能发展、提供反馈等，那么它又将对熟练的、高素质的教育工作者的职业生涯产生什么影响呢?

我认为，作为人类，当我们决定是否在完成某些任务时使用人工智能时，我们需要权衡这些担忧。一些事情就应该由人类来做。我们需要自行决定这些东西是什么。当我们对我们自己做出的决定感到自信时，我们就可以告诉别人我们是如何做出这些决定的。这将在他们做出自己的决定时，给他们提供更多的信息。

当然，所有这些都将影响我们的学生和他们的未来。作为教师，如果我们真的想让学生们得到最好的教育，我们自然就会让他们做好充足准备，进而在他们未来的生活和工作世界里茁壮成长，即使我们还不知道那个世界究竟会是什么样子。在第7章中，我们将讨论教育工作者可以采取的步骤，以帮助学生更好地在一个全面融入人工智能的世界中做好生活准备。

关键定义

训练数据

用于训练机器学习模型的数据。这些数据教会人工智能模型如何执行某些任务。例如，在自然语言处理（NLP）中，包括许多人工智能助手，训练数据可能是许多标记了词性、情感或语气等内容的文本，以及命名实体（如人物、地点、日期、时间等）。数据集越大、越多样化，模型的表现就越好。机器学习模型也可以通过与人类的交互来训练。人类可以在文本中注释（或标记数据）或在图像中标记数据。人类评估人员评估机器学习模型的输出。此外，模型可以在使用模型时从与人类的交互中学习。

机器人检查：本章内容的90%由人类（我本人）创作，10%依托人工智能技术创作。

使用AI：让它写一个训练数据的定义，解释什么是数据集。

第7章

帮助学生为未来人工智能融合的世界做好充足准备

让学生走上通往充满人工智能的未来之路

我有3个孩子，他们即将17岁、15岁和13岁。近几年尤其是近几个月，我察觉到了关于人工智能的讨论和使用的话题与日俱增。作为一个父亲，这种激增式的现象让我不由自主地开始为孩子们的未来进行漫长而严肃的打算。如果你是一名家长（或扮演类似的角色），我敢打赌你也有过类似的想法。

我的大女儿凯西是一名高三学生，她近期要去参观大学。当她还是一个小女孩的时候，她曾梦想着成为一名图书管理员，然后是在开一家咖啡厅的同时成为一名儿科神经外科医生，之后是当演员。现在，她的志向是学好计算机科学。随着人工智能在世界的扩张，她在计算机科学这个职业轨道上的前途拨云见日。凯西给了我希望，人工智能融合的未来是光明的，如果她能在这个领域得到一席之地并做出决策，那么我们都会在她的助益下朝着更美好的生活奔赴。

我的小女儿哈莉是一名高一学生。她是个运动健将，聪慧机智。如今的她，把主要的心思都花在专心享受最美好的生活上，而只留有一小部分心思在选择职业道路上（我十分尊重她）。我七年级的儿子乔尔也是如此。他的生活围绕着他热爱的事物，包括篮球、飞盘、高尔夫以及家人和朋友。

我3个孩子并非都将从事与人工智能相关的工作，但他们可能会在某种程度上与人工智能合作。我想竭尽所能，帮助他们在个人和职业生活方面走出一条茁壮成长的道路。他们需要知道人工智能的发展将如何影响他们可能追求的职业领域——以及自己如何做才有可能位于最佳位置。我敢打赌，你也正有此意。

形势变幻莫测，很多年前，我记得教育专家说计算机编程——写代码——是康庄大道。他们说“教学生编程，高于一切”。现在，人工智能助手可以编写代码，而我们正在讨论程序员怎样丧失了他们曾经拥有的同等水平的工作保障。

我们能做什么？这里有一些你可以考虑的步骤，可以帮助你的学生在通往未来的道路上做出明智的选择。

讨论如何负责任地使用人工智能

关于人工智能助手的作弊问题，前文已赘述很多。关于这个问题探讨的核心是，如果人工智能代替学生完成所有的工作，那么学生将无法思考、学习、发展出必要的技能，也无法为未来做好准备。

我们能否识别出毫不负责地使用人工智能的情况，并按照预想将其强行转换为正确的方法使用？也许可以，也许不行。但我们可以帮助学生看到他们的行为的影响。

我们能否识别出毫不负责地使用人工智能的情况，并按照预想将其强行转换为正确的方法使用？也许可以，也许不行。但我们可以帮助学生看到他们的行为的影响。我们可以帮助他们了解如何在工作和个人生活中适当有效地使用人工智能。

当学生在课堂作业中过多地使用人工智能时，我们可以这样问：

○ 我怎么知道你学了什么？

○ 是存在什么你自己完成的阻碍吗？

○ 你是否可以利用人工智能来帮助你在学术方面有所成长，并把工作做到最好？

当我们注意到某个人以错误的方式使用人工智能时，我们可以这样问学生：

○ 你认为这个人为什么会那样做？

○ 采取这种做法的好处和缺点分别是什么？

○ 这种情况是如何在我们的生活中出现的呢？

○ 如果是我们来做的话，可以采取什么不同的做法，怎么做会更好？

整合媒介素养和数字公民身份

当人工智能提供了不准确、有误导或有偏见的产品时，就会导致媒介素养问题。除其他事项外，我们需要能够识别信息的有效性、信息的来源以及影响信息的因素。

当我们不恰当地使用人工智能工具创造出的内容时，就会引起数字公民问题。我们需要知道如何在数字空间中负责任地出现，如何与他人互动，如何保持准确性和道德感，如何负责任地表达我们自己和事实。

媒介素养和数字公民身份不仅仅是其他老师在其他课堂上所教授的知识，它们是基本的生活技能，这两种能力会为学生服务终身。当每个学生都至少了解媒介素养和数字公民的基本知识时，我们就可以将这些微对话以真实的方式嵌入课堂讨论，与学生进行一对一的对话，并引入课程中。

将学生培养成卓越的提示工程师①

你是否曾经在搜索引擎上搜索，搜出的结果却很糟糕？然后，你是否为了查到你想要搜索的东西，添加了一两个关键词或修改了你的搜索词条？

那个时候，你扮演的就是搜索工程师。你正在创建最好的搜索查询，以获得正在寻找的结果。

随着人工智能助手的使用越来越广泛，随着人工智能融入我们生活的诸多方面，成为一名卓越的提示工程师可以为我们提供良好的服务。我们可能会请求人工智能助手做一些事情，并获得它做得不好的体验。

但如果我们掌握让人工智能创造出杰出成果的模式、措辞和策略，那么人工智能就会变成我们所采用的更具价值的工具，而我们也会因为我们能够请求它们做什么而变得价值方面更弥足珍贵。

我们可以通过研究什么样的提示是有效的人工智能提示，并与学生们分享，帮助他们成长为卓越的提示工程师。我们还可以帮助学生反思他们自己所创建的提示，看看其中哪些是有效的，哪些是无效的，和他们一起探讨，他们成功地将无效提示改成有效提示的这种经历是否可以帮助他们

① prompt engineer，为生成式人工智能撰写文本提示的人，以保证AI正确生成人们所需要的输出成果。——译者注

在未来创建出更好的提示。

此外，如果学生们在创建人工智能提示方面悟性很高，那么他们不妨为成为一名敏锐的提示工程师做好准备，因为这份工作对他们来说可能薪水丰厚。

强调采取行动的重要性

人工智能工具生成的成果只能带我们走这么远。对如何处理这些问题的远见卓识——以及对这一远见卓识的执行——仍然是我们作为人类的特殊属性。

这让我想起了电影《隐藏人物》(*Hidden Figures*)[①]。当然，这些非裔计算师[②]以她们的卓越和坚韧不拔的精神激励着我们要冲破种族和性别的障碍。但当我们了解人工智能在教育中的地位时，她们的故事也能给我们带来希望。

在该部影片中，美国国家航空航天局（NASA）赢得太空竞赛，依赖于这几位女性的学识与工作能力，她们被赞誉为"人形计算机"，她们使用桌上的机械计算机把编程进电子计算机的高级方程式重新手动演算了一遍。计算的精准度对美国国家航空航天局成功执行任务至关重要。

---

① 该片讲述了在20世纪60年代，几位非裔女性（包括计算师和其他职位）冲破种族偏见和性别偏见的双重壁垒的故事，经过千辛万苦，她们最终在美国的航天计划中占有了一席之地。——译者注

② 原文为"computer"，和计算机是同一个单词，但当时还没有现代意义上的计算机。计算师是一种职业，负责对风洞实验结果的测量和计算，精准度要求极高。——译者注

后来，美国国家航空航天局将这些计算工作转移给IBM计算机完成，此举似乎是在终结女士们所完成的人力劳动。

随着人工智能呈指数级增长，专家和权威人士宣布职业生涯的终结，某些技能的过时。当这些IBM电脑进入美国国家航空航天局效力时，有人谴责这是NASA的终结吗？绝对不是。这些机器帮助美国国家航空航天局的工程师更有效地完成工作，让他们在更短的时间内完成更多的工作。人类仍然需要执行计算。人类仍然需要梦想，想象在我们自己的星球之外可以做些什么。机器并没有淘汰美国国家航空航天局，而是使其工程师们的工作变得更加灵活。

最后，美国国家航空航天局的主管多萝西·沃恩（Dorothy Vaughan）意识到，这项新技术并不是她的"人形计算机"团队的垮台。这是一种工作保障。在没有使用手册或正规培训的情况下，沃恩学会了FORTRAN[①]编程语言的基础知识，并培训了她的同事。

人工智能的激增趋势并不意味着我们不再需要人类了。人工智能可以为我们做一些基本的事情，这样我们就可以把更多的时间花在完成更高层次的任务、计划和实现我们的愿景上。

没有远见和执行力，想法啥也不是。

没有远见和执行力，想法啥也不是。

① FORTRAN语言是Formula Translation的缩写，意为"公式翻译"，是工程界最常用的编程语言，它在科学计算（如航空航天、地质勘探、天气预报和建筑工程等领域）中发挥着极其重要的作用。——译者注

认识到我们人性的特殊价值

雪莉·特克尔（Sherry Turkle）几十年来一直在研究人类与技术的关系。正如她在2012年的TED演讲中所描述的那样，她研究了养老院中机器人宠物的使用。这些陪护机器人，制作成了狗或海豹的样子，它们似乎会倾听老年病人的声音，随之做出反应，并在他们独自一人时安慰他们。

我第一次看这个TED演讲时，一开始，我觉得这个发明听起来很棒。这些老人在养老院这种孤立无援的环境下都能得到陪伴。

然而，雪莉的反应恰好相反。她说："当那位女士从她的机器人陪护那里得到安慰时，我并没有觉得有什么值得称道的。我只感受到这是我15年研究工作中最为痛苦、心情最为复杂的时刻之一。但当我退后一步来看时，我觉得自己站在一场完美风暴的中心，那里冰冷而又坚硬。我们对技术的期望更高，对彼此的期望就更低。我试问自己，为什么事情会变成这样？"

哇哦。我们对科技的期望越高，对人类的期望就越低。

面对人工智能的大量涌入，我们必须面对很多关键问题：作为一个人，意味着什么？究竟是什么让我们成为特别的人？我们能做哪些人工智能无法做到的事情？或者说，作为人类，我们更擅长于做哪些事情？这些都是学生们现在和将来必须考虑的关键问题。即使我们可能也不知道这些问题的答案，但是丝毫不妨

作为一个人，意味着什么？究竟是什么让我们成为特别的人？

碍我们参与到关于这些问题的对话中。

让我们继续追问：我们如何利用我们最宝贵的资产——我们的人性？

关键定义

自然语言处理（NLP）

专注于人与计算机之间的自然语言交互。当自然语言处理做得很好时，它可以帮助计算机理解语言，解释语言，并创造对人类有意义和有用的语言。自然语言处理可以用于语言翻译。它也可以用于情感分析，以确定一段文字的语气。

机器人检查：本章内容的85%由人类（我本人）创作，15%依托人工智能技术创作。

使用AI：写一个自然语言处理的定义。让它列举出一个改编自真实故事的电影。

第8章

大胆走向未来

我们在本书的一开头就描绘了电影中的人工智能世界。从某些方面来看，这可能并不太遥远。

○ 我们可能没有《杰森一家》里的机器人罗西，但我们有机器人吸尘器，在我们出门的时候打扫地板。

○ 我们可能没有《2001太空漫游》中的人工智能电脑HAL 9000，但我们确实有像Siri、Alexa和谷歌这类的智能助手来执行简单的任务。

○ 电影《回到未来2》中的20世纪80年代的咖啡馆可能不存在，但我们现在却能在没有收银员服务的情况下，通过自助点餐机下单一份麦当劳快餐。

当人工智能发展并融入我们的生活时，它会是什么样子？我们开始捕捉到一丝迹象，但尚未明晰。

我们的学生真正需要的是一样东西：不完美的答案。当没有得到明确的答案时，不完美的答案会激励我们继续前进。

我们的学生需要老师愿意去考虑他们自己的未来与老师们的未来有何不同，并勇敢地与老师们一起探索这个新领域。师生双方都需要学校领导、立法者、家长和社区成员给予空间、宽容和鼓励来实现这一目标。

我们的学生不需要有超常视野的教师，这些超人教师对未来预判精准，能有效地为学生们的成功做好十足准备。我们的学生需要的是开放和有意识的教师。这类教师求知欲强，怀有好奇心，他们愿意尝试，尽管有时他们会犯错误。但是学生会希望这类教师能通过足够多的尝试、错误和学习，最终做对。

不完美的答案总比没有答案好，总好于现状。

不完美的答案是我们得到趋于完美答案的唯一希望，而且是在足够及时的情况下得到答案的一种方式，并使学生为成功做好准备。在学生寻找不完美的答案时，请教师记住下文讲的这些事情，“别忘了戴好‘明日之镜’”“记住，所有这一切也是为教师准备的”“保持乐观和质疑的健康结合”“让学生扎实学习仍然是教师工作的核心”“好好开展对话”“这不再是科幻小说，人工智能可以做到”。

别忘了戴好“明日之镜”

我们记得我们作为学生是如何被教育的。我们记得最近我们是如何在课堂上教学的。（教师群体中的很多人还记得很久之前的教学！）回想起这些记忆，我们使用的是“今日之镜”。现在，让我们戴好“明日之镜”。

使用“明日之镜”更多的是基于预期和学习，而不是过去的经验。人工智能不会改变一切。健全教学法的许多原则并没有改变。然而，我们应用它们的方式可能会有所不同。

把这个问题放在教学计划的最前面：这样做能为我的学生的未来做好准备吗？请记住，教师要始终围绕这个问题规划教学。

记住，所有这一切也是为教师准备的

我相信时间是教师最宝贵的财富。如果我们要做到最好，支持我们的学生，实现我们的教学梦想，那么更多的时间投入将帮助我们以更好的方式加速实现这个梦想。人工智能可以给我们更多的时间。我们非常擅长投资这些时间，让我们的学生从中受益。

人工智能工具并不能像你那样教学。但它可以在准备教案、写课程计划的时候为你提供想法。人工智能工具可以帮你找到大量练习题和讨论提示，它可以对学生的作业提供反馈。是否使用人工智能为你创建的任何内容，或者以什么方式使用它们完全取决于身为教师的你。

最后，如果使用人工智能工具会将你的计划时间从30分钟缩短到18分钟，或者将你的评分时间从40分钟缩短到22分钟，那么它节省出来的额外时间就是完全属于你的，随便你自由支配。详细规划你一直想尝试的炫酷的课程，或者早点下班回家。选择权完全交给你。我知道如何利用额外时间的决定对身为教师的我们来说很陌生。无论我们是利用这些额外时间为学生创造一些令人难忘的学习体验，还是维持我们的心理健康水平，都是双赢的。

如果我们要做到最好，支持我们的学生，实现我们的教学梦想，那么更多的时间投入将帮助我们以更好的方式加速实现这个梦想。

保持乐观和质疑的健康结合

人工智能不会拯救世界，但它也不会毁了世界。到目前为止，世界历史上还没有一项创新能够毁灭一切。教育也是如此。如果我们不小心，它就有可能造成伤害；但如果我们应用得当，它也有成为伟大的可能。

尽量避免孤注一掷的想法。保持开放的心态可以防止你为你的学生和你自己排除掉一个切实可行的选择。

让学生扎实学习仍然是教师工作的核心

只要让技术成为课堂的一部分，这句格言就总是正确的：优秀的教学是基础。技术不能让糟糕的教学变得更好。然而，扎实教学可以克服几乎任何事情。如果你对人工智能持乐观态度（像我一样），请注意确保自己不要放弃高质量的教学和学习来强行推行它。但一定要告诉你内心的怀疑论者，你愿意尝试。虽然这种教学理念可能会有一些缺陷，但在未来它可能会带来一些有意义的东西。

好好开展对话

谈谈你的担忧、恐惧、可能性、实践，甚至你的情绪。找你的同事好好谈谈。找你的学生好好谈谈。找你的学校领导好好谈谈。与你所在社区的相关人员好好谈谈。如果有机会，你也要和涉足人工智能及计算机科学领域的人好好谈谈。好好开展对话，即使你不完全明白自己在说什么。但是你会收获更多的视角，透过它们，你会更好地贴近现实，你可能会学到一些东西。

这不再是科幻小说，人工智能可以做到

就像我调查中的一位匿名读者所说："不管我兴奋与否，人工智能趋势都是不可避免的。"人工智能就在这里，它能够做的不仅仅是写关于芦笋的说唱歌词和关于流行文化偶像的末日故事。

这关乎我们学生的未来，也关乎我们的未来，不管我们感到兴奋与否。你能坚持读到这本书的末尾，说明一定有什么东西让身为教师的我们对教育持有乐观态度——你思想开明，你迫不及待地想学会它，你求知若渴。

人工智能将不断变化。这并不意味着你必须总站在它发展的最前沿。一点点的理解和大量的实际应用，会让你走得更远。

学习，探索，思考，讨论，尝试，检测，反省。

你的学生将会感谢你的。

致　谢

感谢霍莉·克拉克和肯·谢尔顿，我的联合出品人和思想伙伴，你们勇敢地面对一个新的话题，并在很少有人分享它的时候，做“第一个吃螃蟹的人”。

感谢卡莉·莫拉和杰夫·米勒，我在“丢掉教科书”的队友，你们鼓励我，给我提供见解和反馈，和我一起不知疲倦地工作，支持世界各地的教育工作者。

感谢我的妻子梅兰妮，我的孩子们凯西、哈莉和乔尔，还有我的父亲杰夫。你们的爱与支持对我来说意味着一切，你们一直站在我的身边，鼓励我追求梦想。

感谢那些推动我思考人工智能和人工智能在教育领域的作用的各位朋友、同事和熟人，包括但不限于唐尼·皮尔斯、珍·吉夫恩、杰米·格拉德费尔特和延斯·塞普。

非常感谢“丢掉教科书”电子邮件通讯的订阅用户和我在社交媒体上的关注者。感谢你们通过回复、参与调查和个人交流，慷慨地分享了你们的思考、关注点和想法。你们的观点是无价之宝。

关于作者

马特·米勒（Matt Miller）在公立学校任教超过10年，教授高中各年级的西班牙语课程。在他的职业生涯中，他策划了近1 2000堂课。他的教学时间累计超过50万分钟。他为将近2000天的课堂作业打分。他在课堂上的卓越表现获得了特雷霍特电视金苹果奖（WTHI-TV Golden Apple Award）的认可，他两次获得跨学科奖“Bammy”的提名，他曾获得“年度中学教师”奖。

马特·米勒是众多教育畅销书的作者，著有《技术如何改变教学》，《丢掉教科书》（*Ditch That Textbook*），《丢掉作业》（*Ditch That Homework*）等著作。他是谷歌认证的创新者，也是数字学习播客的联合主持人。他拥有印第安纳州立大学的课程和教学硕士学位。

马特也是K–12教育领域广受欢迎的演讲者，曾在6个国家和45个州（加上北马里亚纳群岛）的300多场活动中开展线上线下演讲。

马特的主题演讲是幽默、讲故事、实用想法和赋权的巧妙结合。凭借10年的课堂教学经验，马特与教师们建立了联系，并用新的想法和观点激励他们。他在英雄公共演讲学院（Heroic Public Speaking GRAD）接受培训，这是世界上最丰富、最完整的演说家培训项目之一。

马特的研讨会引人入胜，实用价值高，贡献多个实践操作。听过的教师都能在第二天的教学中使用新的思想。参加过的教师在离开前，都被教育学、脑科学、技术和灵感装满脑袋，效果奇好，超越了那种被动式的“看看这个酷炫网站”的培训。

他住在印第安纳州的中西部，他说他过着梦想中的生活：拥有幸福的婚姻，3个孩子，3条狗，还有一大摞手机账单。

资源拓展

作者马特·米勒为本书创建的网站：AIforEDUbook.com

第3章　转向适应人工智能的世界

· 提取练习（retrieval practice）

想了解更多，可访问http://RetrievalPractice.org

第4章　人工智能支持教与学的30种方式

· 零号计划

想了解更多，可访问ditch.link/zero

· 弗兰肯机器人模板（Frankenbot）

想了解更多，可访问Ditch.link/Frankenbot

· 针对特殊教育教师的活动建议

想了解更多，可访问Ditch.link/aiforieps

技术教学“组合拳”

- AI 实用工具
- 新时代定义
- 教育热议话题
- 个性化教育

未来已来，教师如何将生成式人工智能等各种技术

融入教一学一评

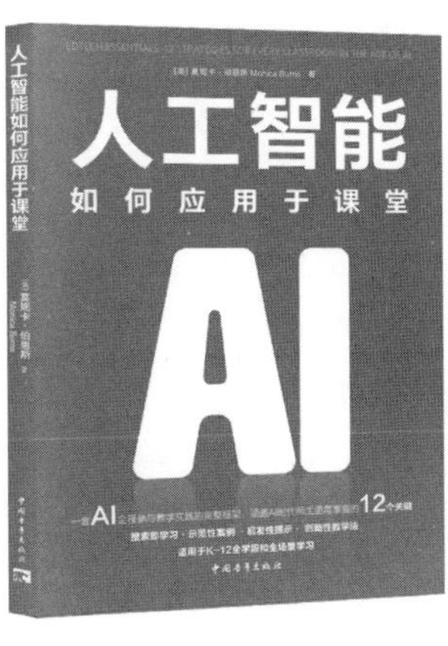

重视技术重塑

教学的力量，

让学习“上瘾”

将下一代培养成问题解决者和创造性思考者